고감사를 아시나요

사랑합니다(다해)

고감사를 아시나요

사랑합니다(다해)

교회인가 2022년 11월 02일(안동교구 2022-3)

1판 1쇄 발행 2022년 11월 25일

지은이 정상업

교정 윤혜원 편집 유별리
마케팅 박가영 총괄 신선미

펴낸곳 (주)하움출판사 펴낸이 문현광

이메일 haum1000@naver.com 홈페이지 haum.kr
블로그 blog.naver.com/haum1007 인스타 @haum1007

ISBN 979-11-6440-239-7(03230)

정상업 신부 주일 강론집

고감사를 아시나요

사랑합니다 다해

목차

사순 시기

부활 시기

연중 시기

히아신스의 꽃말처럼

《고감사를 아시나요》라는 제목으로 강론집을 내는 정상업(바오로) 신부님께 축하와 격려를 드립니다. "고.감.사."가 무엇인지 처음엔 어리둥절했습니다만, "고맙습니다! 감사합니다! 사랑합니다!"라는 준말임을 강론 표지를 통해서 알았습니다. 정말로 우리의 삶은 언제나 "고.감.사."가 되어야지요. 아마 신부님의 삶이 항상 "고.감.사."였기 때문에 강론 제목을 그렇게 정했다고 생각합니다.

무엇보다도 강론마다 적절한 예화를 통해서 신자들이 잘 알아들을 수 있도록 해 주심에 감사를 드립니다. 강론은 주님의 말씀을 잘 이해하고 받아들일 수 있도록 적절한 예화를 든다는 것이 결코 쉬운 일이 아닙니다만, 신부님께서는 강론마다 예화를 들어 주셨습니다. 그렇게 해 주심으로써 신자들에게 복음을 잘 이해하고 받아들이는 데 한결 쉽게, 접근할 수 있는 길을 열어 주고 있습니다. 더 나아가 찡하게 울림을 주는 감동까지 안겨 주니 더더욱 고마운 일입니다. 이 강론집을 통해서 누구나 영적으로 성장할 수 있고 영적인 나눔의 계기가 되기를 바라면서 누구나 히아신스의 꽃말처럼, "사랑하는 행복", "사랑의 기쁨",

"내 마음에 당신의 사랑이 머물러 있습니다", "영원한 사랑"을 맘껏 체험하고 누리실 수 있는 계기가 되면 참으로 좋겠습니다.

형제자매 여러분, 히아신스 꽃을 모두 다 아시지요. 히아신스는 백합과의 식물로 그윽하고 은은한 향기가 감미로워 많은 분에게 사랑받는 꽃 중 하나라고 합니다. 혹시 히아신스 꽃말을 아십니까? 그 꽃말은 색깔별로 다른데, 백색(하얀색) 히아신스는 "사랑하는 행복", 청색(파란색) 히아신스는 "사랑의 기쁨", 적색 히아신스는 "내 마음에 당신의 사랑이 머물러 있습니다", 보라색 히아신스는 "영원한 사랑"이라고 합니다. 형제자매 여러분, 보라색 히아신스 꽃말인 "영원한 사랑"을 사기 위해 우리는 어떻게 해야 하겠습니까? 그 해답은 성녀 마더 테레사 수녀님이 봉사하셨던 인도의 콜카타 봉사자 사무실에 걸려 있는 다음 글귀가 말해 줍니다.

"만약 그대가 두 개의 빵을 갖고 있다면 하나는 가난한 이에게 내주고, 또 하나는 그 빵을 팔아 히아신스를 사십시오. 그대의 영혼을 사랑으로 사기 위해, 아멘!"

– 대림 제3주일 가해: 자선 주일 강론 중

고맙습니다! 감사합니다! 사랑합니다!

22년 11월 그리스도 왕 대축일
천주교 안동교구 전임 교구장 **두봉**(레나도) **주교**

두봉

고맙고 감사하고 사랑합니다

정말 "하느님 아버지, 고맙습니다! 감사합니다! 사랑합니다!"
라는 말밖에 드릴 것이 없는 것 같습니다. 그런 의미에서 강론
집 제목을 《고감사를 아시나요?》로 정했습니다. 사제는 죽는
날까지 고.감.사. 생활을 해야 한다고 생각합니다. 역시 신앙
인의 삶도 고.감.사.를 알고 항상 고.감.사.의 삶을 산다면 삶이
온통 달라지고 풍요롭게 될 것입니다.

정상업(바오로) 신부님이 40여 년의 세월 동안 사제로서 봉사하
며 사셨던 일선 사목 현장을 떠나는 원로 사목자(은퇴 사제)의 삶
을 준비하면서 하시는 말씀입니다. 참으로 멋있는 말씀입니다!
지난 삶을 마무리하시고 또 다른 새로운 삶을 준비하시는 정 신
부님에게, 저도 같은 말씀으로 저의 마음을 전하려 합니다.

"사랑하고 존경하는 정상업(바오로) 신부님, 고맙고, 감사하고
사랑합니다!"

정 신부님께서 지난 사제의 삶을 정리하고 잘 마무리하시겠

다는 의미에서 강론집(가·나·다해)을 내시니 정말로 고맙고 진심으로 축하드립니다. 여기에는 신부님의 따뜻한 마음도 함께 하고 있기에 또한 감사하고 사랑합니다. 신부님의 강론 말씀을 통해서 우리는 하느님도 만나고 신부님도 만나게 될 것입니다. 하느님의 말씀은 살아있고 힘이 있다는 성경 말씀(히브 4, 12 참조)에 따라, 한 사제의 하느님 말씀의 선포인 강론 말씀에도 놀라운 힘이 작용하고 있다고 우리는 믿고 있습니다. 그러므로 우리가 정 신부님의 강론 말씀에서 영감을 받고 도움을 받아 말씀의 의미를 새롭게 깨닫고 그 말씀을 마음에 새기며 각자가 새로운 삶을 살 수 있다면, 그것은 말씀 덕분에 우리가 함께 누릴 수 있는 하느님의 은총과 축복의 복된 삶이 아닐까 생각합니다. 이것이 정 신부님의 강론을 읽고 묵상하는 우리 독자들의 간절한 바람이며 축복이 아닐까 생각합니다.

《고감사를 아시나요?》 정상업(바오로) 신부님의 주일 강론집(다해), 이 책을 펼치며 말씀의 복된 여정에 함께 하시는 여러분 모두에게 하느님의 큰 축복이 함께 하길 기도합니다.

"고맙고, 감사하고 사랑합니다!"

2022년 10월 21일
천주교 안동 교구장 **권혁주**(요한 크리소스토모) **주교**

고.감.사.

고맙습니다! 감사합니다! 사랑합니다!

참으로 세월이 많이 흘렀습니다. 엊그제 사제가 된 것 같은데, 이제 모두 다 내려놓고 은퇴해야 할 시간이 되었나 봅니다. 무척 아쉬움이 많습니다. 40여 년 세월 동안 사제로서 지내게 된 것은 무엇보다 하느님의 은총이었습니다. 한마디로 '고.감.사. 해야 할 일이 아닌가?'라고 생각합니다. 정말 "하느님 아버지, 고맙습니다! 감사합니다! 사랑합니다!"라는 말밖에 드릴 것이 없는 것 같습니다. 그런 의미에서 강론집 제목을 《고 감사를 아시나요》로 정했습니다. 아마 사제는 죽는 그날까지 '고.감.사. 생활을 해야 한다.'라고 생각합니다. 역시 신앙인의 삶도 고.감.사.를 알고 항상 고.감.사.의 삶을 산다면 삶이 온통 달라지고 풍요롭게 될 것입니다.

그동안 사제가 되어 강론 대에 선다고 섰지만, 처음엔 몹시 두렵고 떨렸습니다. 한 해, 한 해 살아오면서 강론이라고 하는 것이 그렇게 만만한 것이 아님을 절실히 깨닫고 실감했습니다. 하느님 말씀의 선포는 힘이 있어야 하고 쉽게 알아들을 수 있도록 해야 하는데, 언제나 하고 나면 부족함을 느끼곤 했습니다. 그래서 항상 하느님 아버지께 죄송하고 신자들에게 더욱 미안했습니다. 그래도 말씀하시는 분은 그분이시고 성령이 역사하심을 생각함으로써 스스로 위안이 되었습니다.

그동안 강론한 것들을 '정리한다, 한다.'라고 하면서 차일피일 미루다 이제야 겨우 은퇴를 앞두고 우선 올해 강론한 것(다해)부터 다시 정리 편집해 강론집을 내기로 했습니다. 내년 연말에는 "가해", 그다음 해 8월엔 "나해", 이렇게 《고감사를 아시나요》 강론집을 마무리하면서 유종의 미를 거두고 싶습니다. 가능하면 쉽게 알아들을 수 있도록 예화를 든다고 들었지만, 부족함이 많습니다. 그리고 여러 강론이나 예화 집을 참조했음을 밝히면서 이 자리를 빌려 양해를 구합니다.

더불어 이 강론집을 내는 데 격려사를 친히 써 주신 현 안동 교구장 권혁주 주교님과 전임교구장 두봉 주교님께 진심으로 감사를 드립니다. 또한, 특별히 표지그림을 정성스럽게 아주 예쁘게 그려준 주 뻬르뻬뚜아 수녀님께도 아울러 감사드립니다. 그리고 그동안 저를 위해서 기도해 주신 성직자, 수도자, 교형자매 여러분과 가족 그리고 모든 분에게 진심으로 고개 숙여 감사드립니다.

고맙습니다! 감사합니다! 사랑합니다!

2022년 그리스도 왕 대축일에
풍기성당 주임신부 **정상업**(바오로)

대림 시기

인생의 우선순위

어느 철학 교수가 몇 가지 물건을 들고 교단에 섰습니다. 수업이 시작되자 그는 아무 말 없이 커다란 통을 집어 들고 지름이 5cm 정도 되는 조약돌을 채우기 시작했습니다. 그리고 조약돌로 통을 가득 채우자 그는 학생들에게 이 통이 가득 찼는지 물어보았습니다. 학생들은 당연히 가득 찼다고 대답을 했습니다.

그러자 그 교수는 작은 자갈이 담긴 통을 들어 조약돌이 들어 있는 통에 부어 넣고 조약돌이 들어있던 통을 막 흔들었습니다. 작은 자갈은 조약돌 사이의 공간으로 파고 들어가 통을 가득 채웠습니다. 그리고는 다시 학생들을 향해 이 통이 정말로 가득 찼는지 물어보았습니다. 역시 학생들은 다시 그렇다고 대답을 했습니다.

그다음 교수는 그 통에 모래를 부어 넣기 시작했습니다. 모래는 조약돌과 자갈 틈 사이로 흘러 들어가 그 통을 빼꼭히 채웠습니다. 교수는 다시 한번 이 통이 가득 찼는지 물어보았습니다. 학생들은 힘찬 목소리로 그렇다고 대답했습니다. 이어 교수는 교탁 안에서 맥주 두 캔을 꺼내 그 통에 부어 모래 사이의 공간까지도 가득 채웠습니다. 학생들 사이에서 웃음이 터져 나왔고 웃음소리가 가라앉자 교수는 이렇게 말했습니다.

"학생 여러분, 이 통은 여러분의 인생과 같다는 것을 알기 바랍니다. 조약돌은 가족, 배우자, 자식, 건강, 신앙 같은 중요한 것들을 나타냅니다. 모든 것을 다 잃고 이것만 남았을 때도 여전히 충만감을 주는 것들입니다. 자갈은 그밖에 직업, 집, 자동차 같은 것들이고 모래는 그 나머지 자잘한 것들입니다. 그러기에 만일 모래를 먼저 넣는다면 자갈과 조약돌이 들어갈 자리가 없을 것입니다. 여러분의 인생도 마찬가지입니다. 사소한 것에 시간과 에너지를 다 소비해 버린다면 여러분에게 중요한 것들을 위해 사용할 시간과 에너지가 남질 않을 것입니다. 그러므로 여러분의 인생에 있어서 결정적으로 가장 중요한 것들, 행복할 수 있는 것들에 주의를 기울여야 합니다.

첫째, 신앙생활을 잘하십시오(하느님 중심의 생활을 해야 합니다).
둘째, 아이들과 놀아 줄 시간을 내야 합니다.
셋째, 아무리 바빠도 시간을 내어 건강검진을 받아야 합니다.
넷째, 부부가 함께 나들이를 다녀야 합니다.

여러분들이 직장에 나가고 집을 청소하고 잔치를 벌이고 쓰레기를 비울 시간은 언제든지 마련할 수 있습니다. 조약돌부터, 정말 중요한 것들부터 먼저 해결하십시오. 여러분의 인생에 있어서 우선순위를 세우십시오. 그 나머지는 모래에 지나지 않습니다."

교수가 말을 마치자 학생 한 명이 맥주는 무엇을 나타내는지 물었습니다. 그러자 교수는 미소를 지으며 대답하길 "질문해 줘서 고맙다. 맥주는 인생이 아무리 바쁜 듯이 보여도 맥주 두어 모금 마실 시간은 있다는 것을 보여주기 위한 것이다."라고 대답했습니다[1].

형제자매 여러분, 너무나 가슴에 와 닿는 얘기입니다. 우리가 살면서 정말 중요한 것들이 늘 상 해오던 습관에 의해 뒷전으로 밀리지 않았는지 되돌아보게 합니다. 가장 중요한 건 가족과 건강, 신앙생활이란 생각이 듭니다. 직장을 다니면서도 끊임없이 투잡, 쓰리잡을 하는 이유도 바로 여기에 있습니다.

그러므로 형제자매 여러분, 새해 대림절을 맞이해서 인생의 우선순위를 신앙생활에 두어야 하지 않겠습니까? 오늘 독서와 복음에서는 "보라, 그날이 온다. 예루살렘을 '주님은 우리의 정의'라는 이름으로 부를 그날이 온다는 것입니다."(예레 33, 14-16) 그리고 "그날이 너희를 덫처럼 갑자기 덮칠 것이다."(루카 21, 34) 그러므로 주님이 재림하실 때 하느님 앞에 흠 없이 거룩한 사람으로 나설 수 있도록(테살 3, 13) 늘 깨어 기도하라."(루카 21, 36)라고 권고하고 있습니다.

---

1) 로버트 마일즈, 권루시안 역, 《워런 버핏의 부(富)》, 2005

형제자매 여러분, 이렇게 대림 1주일인 새해를 맞이해서 하느님 중심 생활을 하고 우리가 그날을 대비해서 깨어 기도한다면 그분 앞에 기쁨으로 머리를 들고 속량의 행복을 맛볼 수 있을 것입니다. 아울러 기다림의 대림절을 보내고 기쁜 성탄절을 맞이할 수 있을 것입니다.

"너희는 앞으로 일어날 이 모든 일에서 벗어나 사람의 아들 앞에 설 수 있는 힘을 지니도록 늘 깨어 기도하여라."(루카 21, 36) 아멘!

개와 닭들의 긴급 회의

그래도 울어야 하나? 그래도 짖어야 하나?

　형제자매 여러분, 긴급 소식을 알려드리겠습니다. 긴급 소식은 다름이 아니라, "개와 닭들의 긴급 회의" 소식입니다. 혹시 "개와 닭들의 긴급 회의" 소식 들어보셨습니까? 풍기의 소식통, 아무도 못 들어보셨습니까?

　부제목은 〈그래도 울어야 하나? 그래도 짖어야 하나?〉입니다. 잘 들어보시기 바랍니다.

　개와 닭들이 서로 자신과 상대방의 삶에 대하여 진지하게 평가를 하고, 또 서로 지적하고, 반성하며, 앞으로의 질 좋은 삶을 위한 진로를 모색하기 위해서 한자리에 모여 긴급 회의를 했다고 합니다. 회의를 통해서 각가지 반성을 촉구하는 목소리가 높아졌습니다. 먼저 개들이 닭들에게 말을 했습니다. "야~ 닭, 너희는 요사이 왜 아침마다 꼬끼오~옥 하고 울지 않느냐? 이건 너희의 본질적인 직무 유기가 아니냐!"라고 다그쳤습니다. 닭들이 이에 대한 답을 했습니다.

　"그렇습니다. 얼핏 볼 때는 직무 유기인 것처럼 보일 수 있습니다. 그러나 여기에는 다 이유가 있습니다. 여러분! 한번 생각해 보십시오? 옛날에 자명종이 있을 때는 그래도 우리가 할 일이 있었습니다. 그러나 지금은 어떻습니까? 사람들은 전부 다 자명종뿐만 아니라, 손목시계, 탁상시계, 벽시계 등 시계가 얼마나 많습니까? 시계마다 모닝콜 기능이 있어 깨웁니다. 이제는 전화를 받아야 하는 핸드폰에서까지 우리가 할 일을 대신하는데, 우리가 뭘 할 수가 있겠습니까? 내가 아침마다 목이 터지게 울어봐야 고개도 까닥하지 않는 시대입니다."

가만히 듣고 있던 개가 "하기야 그래, 닭 너희가 무슨 죄가 있어, 쯧쯧쯧. 참 안 됐네."라고 공감했습니다.

이번에는 닭들이 개들에게 다음과 같이 말했습니다.

"야~ 그런데, 개 너희는 왜 도둑놈이 너희 집에 들어오는데 짖지 않고 도대체 뭘 하는가? 너희야말로 직무유기다. 너희의 본연의 임무를 다하지 않았으므로, 거시기탕 집으로 가야 하는 것 아니냐!"

이번에는 닭들로부터 질책을 받은 개들이 답변하기 위해서 단상 앞으로 나왔습니다.

"그래 맞아, 닭, 너희가 지적한 것처럼, 우리가 지금 직무유기하고 있는 것이 사실이야! 나도 우리가 할 일은 도둑놈이 집에 들어오면, 무섭고도 사납게 짖어 도둑놈을 쫓아내고, 내 주인의 재산과 안전을 지켜야 하는 것, 내 임무인 줄 알아! 그런데 한 가지 고민이 있어."

"도대체 무슨 고민이야?",

"우리도 우리가 해야 할 일은 너무나도 잘 알고 있지만 그런데 문제가 있어?"

닭들은 일제히 그게 무엇이냐고 캐물었습니다. 개들은 무겁게 입을 열었습니다. 얘들아, 쉿, 누가 들을라. 귀 좀 가까이 대라고.

"우리 집 주인님이 도둑놈인데 내가 누구를 위해, 누구를 향해 짖어야 하는 거냐? 우리 집 주인은 밤마다 물건을 훔쳐 오고, 마님도 그 훔친 물건을 남편 몰래 훔쳐 팔아먹고, 그 아들들도 그 아버지 몰래 훔쳐 팔아먹는 몽땅 도둑놈들인데. 내가 누굴 보고 짖어야 하나? 짖어봤자 내 목만 아프지?"

모인 닭들과 개들은 서로 이야기를 듣고 "그럼, 우리가 어떻게 해야 하지? 그래도 울어야 하나? 그래도 짖어야 하나?" 하고 고민에 빠졌다고 합니다.

형제자매 여러분, "개와 닭들의 긴급 회의- 그래도 울어야 하나? 그래도 짖어야 하나?" 우화를 듣고 무엇을 생각하셨습니까? 형제자매 여러분, 만약에 이런 가정이라면 우리는 어떻게 해야 하겠습니까? 만약 이런 사회라면, 여러분은 어떻게 해야 하겠습니까? 만약 이런 국가라면, 여러분은 어떻게 해야 하겠습니까?

오늘 복음 말씀을 보면, 세례자 요한의 외침은 "회개하여라. 그 증표로 세례를 받아라."라고 선포하셨습니다. 주님의 성탄을 준비하기 위해서 첫 과제가 '회개하라'는 것입니다. 형제자매 여러분, 회개가 도대체 무엇이지요? 잘못된 길에서 바른길로 돌아가는 것입니다. 주님의 오시는 길을 곧게 내어라. 이 곧게 고추는 작업, 이것이 회개입니다. 자기의 삶이 굽었다면, 잘못되었다면, 바로 잡아야 하고, 뉘우치고 고쳐야 한다는 것입니다. 바로 이 말씀은 나를 포함해서 가정, 사회, 국가 모든 사람에게 해당이 되는 말씀입니다.

　가만히 있어도 새벽이 오지만, 시계의 모닝콜은 언제나 사람들을 깨우지만, 그래도 닭은 본연의 의무를 다하기 위해서 "꼬끼오"하고 울어 새벽을 알려야 하지 않겠습니까? 아무리 주인이라도 그래도 개는 도둑을 알리고 쫓기 위해서 짖어야 하지 않겠습니까? 도둑질은 잘못된 삶이라고 깨우쳐 주고 바로잡는 일, 이것이 오늘 인권 주일을 맞이해서 우리가 해야 할 일입니다. 곧 우리 모두 세상의 빛의 역할을 하라는 말씀으로, 자신의 어둠, 더 나아가 세상의 어둠을 몰아내는 빛이 되라는 말씀입니다.

　형제자매 여러분, 오늘 복음과 같은 "세례자 요한의 설교" 마태오복음을 보면, 세례자 요한은 세례를 받으러 온 백성의 지도자들에게 호통을 칩니다. "독사의 자식들아, 다가오는 진노를 피하라고 누가 너희에게 일러 주더냐? 회개에 합당한 열매를 맺어라."(마태 3, 8)라고 말입니다. 그렇습니다. 오늘날 백성의 지도자들은 세례자 요한의 말을 명심해야 할 것입니다. 그분은 광야에서 외치는 소리요, 주님의 길을 마련하라는, 그분의 길을 곧게 내라는 명령입니다.

형제자매 여러분, 우리는 성탄을 앞두고 주님의 길을 준비하는 대림절을 지내고 있습니다. 주님의 길을 평탄하게 잘 닦기 위해서 어떻게 해야 하겠습니까? 세례자 요한이 말씀하듯이 회개의 세례를 받아야 하겠습니다. 내 안에 남을 시기하고 질투하는 비뚤어진 마음이 있다면 똑바로 고추고, 산과 같은 높은 교만이 있다면 깎아내리고, 남을 몹시 미워하고 증오하는 구릉과 계곡 같은 깊은 골짜기가 있다면 메워야 하지 않겠습니까? 그렇게 함으로써 주님께서 오시는 길을 환하게 정리 작업하고 대청소를 해야 하지 않겠습니까? 바로 그 작업이 회개의 세례요 판공성사입니다. 특히 냉담 신자 권면을 통해서 모두가 주님의 길을 잘 준비하고 기쁘게 주님을 맞는 성탄이 되도록 해야 하겠습니다.

"회개하여라. 하늘나라가 다가왔다…. 회개의 열매를 맺어라!" 특히 오늘 제2 독서에서 바오로 사도는 우리 모두 "예수 그리스도를 통하여 오는 의로움의 열매를 맺어, 하느님께 영광과 찬양을 드릴 수 있게 되기를 바란다."(필립 1, 11)라고 말씀하고 있습니다.

형제자매 여러분, 우리가 의로움의 열매를 맺기 위해서 어떻게 해야 하겠습니까? 형제자매 여러분, 의로움의 열매를 맺기 위해서 우리는, 세례자 요한의 말씀에 따라 "주님의 길을 곧게 내야 합니다. 골짜기는 메우고, 산과 언덕은 깎아내리고, 굽은 데는 곧추고, 거친 길은 다듬어 평탄작업을 해야 합니다."(루카 3, 4-5 참조) 그러기 위해서 광야에서 외치는 세례자 요한처럼 "그래도 닭은 울어야 하고, 그래도 개는 짖어야 한다."라는 것을 명심해야 하겠습니다.

> "광야에서 외치는 이의 소리. 너희는 주님의 길을 마련하여라. 그분의 길을 곧게 내어라."(루카 3, 4) 아멘!

좋은 데 써 주세요

형제자매 여러분, 오늘은 어려운 처지에 있는 이웃 사람들에게 따뜻한 사랑과 자비를 베푸는 자선 주일입니다. 자선 주일을 맞이하여 어느 복지사가 쓴 감동적인 글을 먼저 여러분들에게 소개해 드리겠습니다.

그 아주머니의 얼굴을 보는 순간 나는 흠칫 놀라고 말았다. 얼굴 한쪽은 화상으로 심하게 일그러져 있었고 두 개의 구멍이 뚫려 있는 것으로 보아 예전에 코가 있던 자리임을 알 수 있을 정도였다. 순간 할 말을 잃고 있다가 내가 온 이유를 생각해내곤 마음을 가다듬었다.

"사회복지과에서 나왔는데요.", "너무 죄송해요. 이런 누추한 곳까지 오시게 해서요. 어서 들어오세요." 금방이라도 떨어질 듯한 문을 열고 집 안으로 들어서자 밥상 하나와 장롱뿐인 방에서 훅하고 이상한 냄새가 끼쳐왔다. 그녀는 나를 보더니 어린 딸에게 부엌에 있는 음료수를 내어 오라고 시킨다. "괜찮습니다. 편하게 계세요. 얼굴은 왜 다치셨습니까?"

그 한마디에 그녀의 과거가 줄줄이 읊어 나오기 시작했다.

"어렸을 때 집에 불이 나 다른 식구는 다 죽고 아버지와 저만 살아남았어요." 그때 생긴 화상으로 온몸이 일그러지게 되었다는 것이다. "그 사건 이후로 아버지는 허구한 날 술만 드셨고 절 때렸어요. 아버지의 얼굴도 거의 저와 같이 흉터투성이였죠? 도저히 살 수 없어서 집을 뛰쳐나왔어요." 그러나 막상 집을 나온 아주머니는 부랑자를 보호하는 시설을 알게 되었고, 거기서 몇 년간을 지낼 수 있었다. "남편을 거기서 만났어요. 이 몸으로 어떻게 결혼을 했냐고요? 남편은 앞을 못 보는 시각 장애인이었지요."

그와 함께 살 때 지금의 딸을 낳았고, 그때가 자기의 인생에서 가장 행복한 시기라고 그녀는 말했다. 그러나 행복도 잠시, 남편은 딸아이가 태어나고 얼마 후 시름시름 앓더니 결국 세상을 등지고 말았다고 했다. 그래서 그녀가 마지막으로 할 수 있었던 것은 전철역에서 구걸하는 일뿐이었다. "한 푼 보태 주세요."라고 말하는 게 얼마나 힘들었던지 그녀는 눈물을 쏟기 시작했다. 그러던 중 어느 의사 선생님의 도움을 받아 무료로 성형수술을 하게 되었지만, 여러 번의 수술로도 그녀의 얼굴은 나아지지 않았다는 것이다. "의사 선생님이 무슨 죄가 있나요? 원래 이런 얼굴인데 얼마나 달라지겠어요." 수술만 하면 얼굴이 좋아져 웬만한 일자리는 얻을 수 있을 거라는 희망과는 달리 몸과 마음에 상처만 입고 절망에 빠지고 말았다고 한다. 부엌을 돌아보니 라면 하나, 쌀 한 톨 있지 않았다. 상담을 마치고 "쌀은 바로 올라올 거고요. 보조금도 나올 테니까 조금만 기다리세요." 하며 막 일어서려는 데 그녀가 장롱 깊숙한 곳에서 무언가를 꺼내 내 손에 주는 게 아닌가? "이게 뭐예요?" 검은 비닐봉지에 들어 있어 절그럭 소리가 나는 것이 무슨 쇳덩이 같기도 했다. 봉지를 풀어보니 그 속에는 100원짜리 동전이 하나 가득 들어있는 게 아닌가? 어리둥절해 있는 나에게 그녀는 잠시 뜸을 들이다가 말하는 것이었다.

"혼자 약속한 게 있어요. 구걸하면서 1,000원짜리가 들어오면 생활비로 쓰고, 500원짜리가 들어오면 자꾸 시력을 잃어가는 딸아이 수술비로 저축하고, 그리고 100원짜리가 들어오면 나보다 더 어려운 노인분들을 위해 드리기로 했어요. 좋은 데 써 주세요."

내가 꼭 가져가야 마음이 편하다는 그녀의 말을 뒤로하고 집에 와서 세어보니 1,006개의 동전이 들어있었다. 그러니까 모두 10만 600원이다. 그 돈을 세는 동안 내 열 손가락은 모두 더러워졌지만, 감히 그 거룩한 더러움을 씻어내지 못하고 그저 그렇게 한밤을 뜬 눈으로 지새우고 말았다[2].

형제자매 여러분, 이글을 듣고 여러분들은 무엇을 느끼셨습니까? 가난하고 찌들은 삶 속에서 구걸해 먹고살면서도 그래도 자기보다 더 못한 사람들을 생각하면서 100원짜리 동전을

---

2) 남원시 장애 복지관, 〈어느 복지사의 감동적인 글〉, http://namwonrc.or.kr/board/7/15085(2019. 11. 18.)

모았다고 했습니다. 그 돈으로 배고픈 딸 아이에게 라면 하나라도 더 사 먹이고 싶었을 텐데 장롱 깊숙이 보관했다가 봉지째 건네주는 그 마음씨 정말 대단합니다. 그래서 그 복지사는 감동에, 감동해서 그 동전을 세는 동안 비록 열 손가락은 모두 더러워졌지만, 감히 그 거룩한 더러움을 씻어내지 못하고 그저 그렇게 한밤을 뜬 눈으로 지새우고 말았다고 했습니다.

형제자매 여러분, 오늘 복음 앞 대목을 보면, 세례자 요한은 "회개의 세례를 받아라."라고 선포하였습니다. 그래서 많은 군중은 회개의 세례를 받기 위해서 모여들었습니다. 그때 군중들에게 "독사의 자식들아, 다가오는 진노를 피하라고 누가 너희에게 일러주더냐? 회개에 합당한 열매를 맺어라… 도끼가 이미 나무뿌리에 닿아 있다. 좋은 열매를 맺지 않는 나무는 모두 찍혀서 불 속에 던져진다."(루카 3, 7-9)라고 말했습니다. 그래서 오늘 복음 말씀과 같이, 그때 군중은 요한에게 물었습니다. "그러면 저희가 어떻게 해야 합니까?" 그때 요한은 "옷을 두 벌 가진 사람은 못 가진 이에게 나누어 주어라. 먹을 것을 가진 사람도 그렇게 하여라."(루카 3, 10-11)라고 말했습니다. 곧 나눔을 실천하라는 것입니다. 회개했다는 증거로써 나눔을 실천해야 한다는 것입니다. 흔히 나중에, 더 잘 살 때, 형편이 나아질 때 그때 하겠다고 합니다. 그것은 거짓말입니다. 나눔도 연습을 해야만 할 수 있습니다. 그 속엔 정말 행복이 있고 기쁨이 있습니다. 형제자매 여러분, 한번 연습해 보시지 않겠습니까?

형제자매 여러분, 조금 전 실화에서 정말 찢어지게 가난한 장애 자매님이 겨우 동냥을 해서 모은 동전을 나보다도 처지가 못한 사람을 위해서 "좋은 데 써 주세요."하고 나눔을 실천했는데, 우리라고 뒤져야 하겠습니까? 이번 성탄을 앞두고 자선 주일을 맞이하여 불우한 이웃들을 생각하면서 따뜻한 사랑을 나누어 주시면 고맙겠습니다. 유대인 속담에 이런 말이 있습니다.

"건강할 때 하는 자선은 금이고, 병들어서 하는 자선은 은이고, 죽어서 하는 자선은 납이다." 참으로 좋은 속담입니다. 잊지 않기 위해서 다 같이 한번 따라 해 보겠습니다. "건강할 때 하는 자선은 금이고, 병들어서 하는 자선은 은이고, 죽어서 하는 자선은 납이다."

그렇습니다. 형제자매 여러분, 이왕에 자선하려면 우리 모두 금과 같은 자선이 되어 하늘나라에 보화를 쌓는 현명한 신앙인이 된다면 얼마나 좋겠습니까? 바로 이런 자선이 인류의 구원을 위해 탄생하시는 예수님께 드리는 기쁨의 선물이 될 것입니다.

"옷을 두 벌 가진 사람은 못 가진 이에게 나누어 주어라. 먹을 것을 가진 사람도 그렇게 하여라."(루카 3, 10-11) 아멘!

위로받고 싶을 때

형제자매 여러분, 살다 보면 한 번쯤 위로받고 싶을 때가 있었을 것입니다. 때론 이해받고 싶은 날도 있었을 것입니다. 그럴 때 여러분들은 어떻게 하십니까? 저는 때론 하느님께 하소연합니다. 다음 글을 들으시면 내 인생에 위로받고, 이해받고 싶었던 그런 날이 분명히 있었을 것입니다. 제목은 〈위로받고 싶을 때〉인데 작자는 미상입니다.

위로받고 싶은 날이 있다 / 막연한 서글픔이 목까지 치밀어 올라
더 이상 그 감정을 자제하지 못하고 / 눈물로 터져버렸을 때
참고 또 참았던 감정이 폭발해 버려 / 아무 말도 하지 못한 채 그냥 멍하니 / 아무 생각 없이 앉아 있을 때
백 마디의 말보다는 따스한 / 한 번의 포옹으로 위로받고 싶다
이해받고 싶은 날이 있다 / 뭔가에 비위가 틀어져 견딜 수 없음에
말도 안 되는 소리를 / 두서없이 늘어놓을 때
가슴속에 차곡차곡 쌓아 놓았던 불만들을 / 극히 이기적인

입장에서 / 억지를 부리며 털어놓을 때
천 마디의 설명보다는 정다운 한 번의 / 눈길로 이해받고 싶다
살다 보면 갑자기 / 이런 날도 있지 않을까?

　형제자매 여러분, 그렇습니다. 살다 보면 위로받고 싶을 때가 분명히 있었을 것입니다. 역시 이해받고 싶었을 때도 분명히 있었을 것입니다. 시의 표현처럼 막연한 서글픔이 목까지 치밀어 올라 더 이상 그 감정을 자제하지 못하고 눈물로 터져 버렸을 때, 한참 동안 엉엉 울었을 것입니다. 또 참고 또 참았던 감정이 폭발해 버려 아무 말도 하지 못한 채 그냥 멍하니 아무 생각 없이 앉아 있을 때, 그저 한숨만 푹푹 쉬면서 흘러가는 뭉게구름만 하염없이 쳐다본 적도 있었을 것입니다. 또 뭔가에 비위가 틀어져 견딜 수 없음에 말도 안 되는 소리를 두서없이 늘어놓을 때, 가슴속에 차곡차곡 쌓아 놓았던 불만들을 극히 이기적인 입장에서 억지를 부리며 털어놓을 때, 정말 할 말을 잃습니다. 또 어떤 누명을 썼을 때, 아무리 얘기해도 들어 주지 않고 엉뚱한 소리를 할 때 오죽이나 답답하겠습니까? 그 심정을 어느 누가 헤아리겠습니까? 이해받고 싶고 위로받고 싶은데 그때 그 누가 뒤에서 등을 토닥이며 포옹해 준다면 얼마나 위안이 되겠습니까?

　바로 이런 심정으로 오늘 마리아는 친척 언니 엘리사벳을 찾아갑니다. 며칠 동안 그 머나먼 길을 걷고 걸어 유다 산악지방

에 있는 언니 엘리사벳을 찾아갔습니다. 형제자매 여러분, 묵주의 기도 환희의 신비 1단과 2단이 무엇이지요? 1단은 "마리아께서 예수님을 잉태하심을 묵상합시다!" 2단은 "마리아께서 엘리사벳을 찾아보심을 묵상합시다." 이렇게 묵주의 기도 환희의 신비 1, 2단에서 보듯이 갑자기 가브리엘 대천사가 나타나서 "은총이 가득한 이여, 기뻐하여라. 주님께서 너와 함께 계시다."(루카 1, 28) "두려워하지 마라, 마리아야. 너는 하느님의 총애를 받았다. 보라, 이제 네가 잉태하여 아들을 낳을 터이니 그 이름을 예수라 하여라. 그분께서는 큰 인물이 되시고 지극히 높으신 분의 아드님이라 불릴 것이다."(루카 1, 31-32)

갑자기 천사가 나타나서 처녀가 아들을 잉태한다고 했을 때 말이나 됩니까? 그래서 마리아가 천사에게 "저는 남자를 알지 못하는데, 어떻게 그런 일이 있을 수 있겠습니까?" 그러자 천사가 마리아에게 "성령께서 너에게 내려오시고 지극히 높으신 분의 힘이 너를 덮을 것이다. 그러므로 태어날 아기는 거룩하신 분, 하느님의 아드님이라고 불릴 것이다."(루카 1, 34-35) 보통 사람 같으면 "천사님, 하필이면 왜 저입니까? 다른 사람에게 가 보십시오. 억지 부리지 마십시오. 당치도 않은 말씀입니다."라고 말했을 것입니다. 그래서 천사는 확신감이 차도록 "네 친척 엘리사벳을 보아라. 그 늙은 나이에도 아들을 잉태하였다. 아이를 못 낳는 여자라고 불리던 그가 임신한 지 여섯 달이 되었다. 하느님께는 불가능한 일이 없다."(루카 1, 36-37)라는 말씀을 하십니다. 아마 얼떨결에 마리아는 "저는 주님의 종입니다.

말씀하신 대로 저에게 이루어지기를 바랍니다."(루카 1, 38)라고 말했을 것입니다.

비록 주님의 종으로서 응답은 했지만, 마리아는 아무리 생각해도 귀신에게 홀린 것 같았을 것입니다. 걱정이 태산 같았을 것입니다. 그래서 오늘 복음에서처럼 마리아는 석녀라고 불리던 언니가 정말 아기를 가졌는지 확인하고 축하하기 위해 서둘러 엘리사벳 언니를 찾아갑니다. "언니, 아기를 가진 것을 진심으로 축하해! 그런데, 언니 이를 어째? 큰일 났어. 나도 성령으로 하느님의 아드님을 잉태했어." 아마 모든 일을 털어놓고 위로받기 위해서 갔을 것입니다. 엘리사벳도 깜짝 놀랐을 것입니다. 그 머나먼 길을 걸어서 온 마리아로부터 인사말을 들었을 때 그의 태 안에서 아기가 뛰놀았다고 합니다. 엘리사벳은 성령으로 가득 차 큰 소리로 "당신은 여인들 가운데 가장 복되시며 당신 태중의 아기도 복되십니다. 내 주님의 어머니께서 저에게 오시다니 어찌 된 일입니까? 당신의 인사말 소리가 제 귀에 들리자 저의 태 안에서 아기가 즐거워 뛰놀았습니다. 행복하십니다. 주님께서 하신 말씀이 이루어지리라 믿으신 분!"(루카 4, 42-45)

이렇게 마리아는 엘리사벳 방문을 통해서 주님의 어머니로서 주님의 말씀을 믿으셨기에 행복하고 복된 분으로 큰 위로와 칭송을 받습니다. 이 마리아의 엘리사벳 방문을 통하여 극적으로 태안의 아기들도 기쁨으로 만나게 됩니다. 이것이 바로 성령의 역사하심을 마리아와 엘리사벳은 깨닫고 서로에게 큰 위안이 되었을 것입니다.

형제자매 여러분, 우리가 위로를 받으려면 어떻게 해야 하겠습니까? 자주 주님께 나아가 털어놓고 기도해야 할 것입니다. 우리도 행복하려면 어떻게 해야 하겠습니까? 오늘 복음에서 그 해답을 주고 있습니다. 행복하려면, 마리아처럼 주님께서 하신 말씀이 꼭 이루어지리라 믿으면 됩니다. 이런 믿음을 통해서 예수 아기를 여러분 안에 잉태하시고 기쁜 성탄 되시기 바랍니다.

> "행복하십니다. 주님께서 하신 말씀이 이루어지리라 믿으신 분!"(루카 4, 45) 아멘!

성탄 시기

크리스마스 휴전

숲속의 휴전

형제자매 여러분, 주님의 성탄을 축하합니다. "메리 크리스마스!"
다음에 소개하는 이 이야기는 프리츠 빈켄이라는 독일인이
크리스마스이브에 어릴 때 직접 겪었던 잊지 못할 감동적인 실
화입니다. 에세이 형식으로 써서 세계적으로 유명한 Reader's
Digest에 기고한 글인데 줄여서 말씀드립니다. 제목은 〈숲속
의 휴전〉 혹은 〈크리스마스 휴전〉이라고도 합니다.

1944년 12월, 제2차 세계 대전에서 가장 치열했던 발지
전투 때의 일입니다. 연합군의 공격으로 계속 밀리던 독일군
은 (폰 룬트슈테트 원수의 지휘로) 마지막 힘을 다해 반격에 나서고
있었습니다.

전투 지역에서 멀지 않은 곳으로 벨기에와 독일의 국경 근
처(휘르트겐) 숲속에 작은 오두막이 있었습니다. 여기에 열두
살 먹은 독일인인 프리츠 빈켄(Fritz Vinken)이라는 소년이 어
머니와 함께 살고 있었습니다. 고향인 아헨이 연합군 폭격기
들로부터 공습을 받게 되자 빈켄의 아버지가 이곳으로 그들

을 피난시킨 것입니다.

총소리와 비명, 대포의 포격 소리, 폭격기 편대의 비행 소리가 끊임없이 이어지던 크리스마스이브 저녁이었습니다. 느닷없이 오두막 문을 두드리는 소리가 났습니다. 빈켄의 어머니가 문을 열자 뜻밖에도 적군인 미군 둘이 문밖에 서 있었습니다. 그들은 눈 위에 누운 동료 한 사람을 가리키며 영어로 말을 걸어왔습니다. 아마 잠시 쉬어가게 해 달라는 것 같았습니다. 빈켄의 어머니는 영어를 몰랐기 때문에 프랑스어로 답변해 보았고 마침 프랑스어를 아는 미군이 있어 겨우 말문을 텄습니다.

사연인즉 대대에서 낙오한 그들은 독일군을 피해 사흘이나 숲속을 헤맸다는 것입니다. 철모와 점퍼를 벗고 나니 그들은 겨우 소년티를 벗은 앳된 모습이었습니다. 비록 적군이었지만 어머니의 눈에는 단지 도움이 필요한 아들 같은 소년들로만 보였습니다. 그녀는 아들 빈켄에게 크리스마스이브 때 쓰려고 아껴 두었던 수탉 한 마리와 감자 여섯 개를 가져오도록 일렀습니다. 그러고는 서둘러 부상당한 병사를 돌보아 주었습니다. 얼마가 흐른 뒤 고소한 통닭 냄새가 방안에 가득 차자 또다시 누가 문을 두드렸습니다. '또 미군들이겠지.' 하는 생각으로 빈켄이 선뜻 문을 여니 밖에는 독일군 네 명이 서 있었습니다. 순간, 빈켄의 몸은 그 자리에 얼어붙고 말았습니다. 적군을 숨겨 주는 것은 최고 반역죄로 총살감이었습니다. 빈켄의 어머니 역시 크게 당황하였습니다. 하지만 그녀는 곧 냉정을 되찾고 천천히 밖으로 걸어 나갔습니다.

"Frohliche Weinachten(메리 크리스마스!)"

어머니가 독일어로 먼저 인사를 하자 병사들도 "메리 크리스마스" 하면서 날이 밝을 때까지 쉬어 가게 해 달라고 간청했습니다. "물론이지요. 따뜻한 음식도 있으니 어서 들어와요." 통닭 냄새에 코를 벌름거리던 병사들은 기뻐서 어쩔 줄을 몰라 했습니다. 그러자 빈켄의 어머니가 정색하며 이렇게 덧붙였습니다.

"그렇지만 우리 집에는 이미 다른 손님들이 와 있는데 별로 친하다고 생각하지 않으실지도 모르겠군요.", "안에 누가 있습니까?", "미국 군인!" 그 순간 독일군들은 총 방아쇠에 손가락을 걸었습니다. 문밖을 살피던 미군들도 마찬가지였습니다. 사방에 팽팽한 긴장이 감도는 순간이었습니다. 그러자 어머니가 다시 침착한 태도로 말을 이었습니다.

"오늘은 크리스마스이브예요. 당신들 모두 내 아들 같은 사람들입니다. 저 안의 사람들도 마찬가지예요. 모두가 배고프고 지친 몸입니다. 오늘 밤만은 죽이는 일을 서로 잊어버립시다." 무거운 침묵이 계속되었습니다. 그 자리의 어느 누구에게나 그것은 참으로 긴 시간이었습니다. 그것을 깨뜨린 것은 총소리가 아니라 어머니의 명랑한 목소리였습니다.

"뭣들 해요? 우리 빨리 맛있는 저녁을 듭시다. 총은 모두 이 장작더미 위에 올려놓아요." 네 명의 독일군은 무엇인가에 홀린 것처럼 고분고분 총을 장작더미 위에 올려놓았습니다. 또한, 어머니는 프랑스어를 아는 미군에게 상황을 설명했고 그 미군은 동료들에게 영어로 다시 상황을 이야기해 주었습니다. 미군들도 무기를 장작더미 위에 올려놓았습니다. 어머니가 식탁을 차리는 동안 의학을 공부했다는 독일 병사 한 사람이 부상당한 미군을 치료해 주었습니다. 독일군 한 사람은 자기 꾸러미에서 포도주 한 병을 꺼냈고 또 한 사람은 호밀 빵 한 덩어리를 내어놓았습니다. 드디어 저녁 식탁이 차려지고 모두가 그 앞에 앉았습니다.

"주님, 크리스마스이브를 맞이하여 전쟁 중인 아군 독일군과 적군 미군이 한 식탁에 앉았습니다. 주님, 은혜로이 내려주신 이 음식과 우리 모두에게 강복하시고 특별히 이 자리에 함께하셔서 이들을 돌보아 주시고 저희의 손님이 되어 주소서."

어머니의 기도가 끝났을 때 7명의 병사 눈에는 모두 눈물이 맺혀 있었습니다. 그때까지도 아들 빈켄의 눈에 그 병사들은 어른이 아니라 단지 자기보다 나이가 조금 더 많은 소년으로 보였습니다. 그리고 식사 중에 독일군 4명 중 한 명은 23세이고 나머지는 모두 16살이라는 것을 알 수 있었습니다. 자정 직전 어머니는 문밖으로 나가 함께 베들레헴의 별을 보자고 말했습니다. 모두 어머니의 곁에 서서 하늘을 올려다보았습니다. 가장 밝게 빛나는 별을 찾는 동안 전쟁은 어디론지 사라지고 없었습니다.

다음 날 아침, 독일군과 미군들은 오두막집 앞에서 악수를 나누었습니다. 독일군 병사가 미군들에게 부대로 돌아가는 길을 상세히 가르쳐 준 뒤, 그들은 서로 헤어져 반대편으로 걸어갔습니다.

형제자매 여러분, 참으로 감동적인 이야기입니다. 이것은 크리스마스이브에 일어난 기적의 사건입니다. 다 인류를 구원하러 오신 예수님의 탄생, 예수님 때문이 아니겠습니까?

그래서 오늘 밤 이사야 예언자는 제1 독서를 통해서 "어둠 속을 걷던 백성이 큰 빛을 보고 암흑의 땅에 사는 이들에게 빛이 비친다."(이사 9, 1)고 했습니다. 왜냐하면 "우리에게 한 아기가 태어났고 우리에게 한 아들이 주어졌기"(이사 9, 8) 때문이라고 말씀하고 있습니다. 그러므로 두 번째 독서를 통해서 바오로 사도는 "모든 사람에게 구원을 가져다주는 하느님의 은총이 나타났다."(티토 2, 11)고 말씀하십니다. 그래서 오늘 루카 복음에서 태어난 한 아기와 주어진 한 아들, 나타난 그 은총은 바로 "오늘 너희를 위하여 다윗 고을에서 태어나신 구원자, 주 그리스도이심"(루카 2, 11)을 밝히고 있습니다. 그래서 "지극히 높은 곳에는 하느님께 영광, 땅에서는 그분 마음에 드는 사람들에게 평화!"(루카 2, 14)라고 천사들의 군대가 나타나 찬미의 노래를 불렀습니다.

형제자매 여러분, 그런데 정작 이 땅의 평화는 언제 오겠습니까?

어둠 속을 걷던 백성이 언제 큰 빛을 보게 되고 암흑의 땅에 사는 사람들에게 언제 빛이 비치겠습니까? 우리나라도 하루빨리 북한과 종전선언을 함으로써 조금 전 숲속의 '크리스마스의 휴전'처럼 그리스도의 평화가 넘치는 세상이 될 수 있도록 기도해야 하겠습니다. 아마 교황님께서 언젠가 북한을 방문하시게 되면 그 길이 무척 빨라질 것으로 기대됩니다. 형제자매 여러분, 우리 남한도 메리 크리스마스! 북한도 메리 크리스마스! 우리 모두 메리 크리스마스입니다. 오늘, 이 밤 다 함께 주님 성탄의 축배를 들고 기쁨을 나눕시다!

형제자매 여러분, 우리 모두 주님의 성탄을 맞이하여 온 누리에 주님의 영광과 평화가 깃들도록 열심히 기도해야 하겠습니다. 아울러 우리 아기 예수님께서 주시는 기쁨과 평화가 형제자매 여러분, 모든 가정에 충만하시길 빕니다. 아멘!

메리 크리스마스! 메리 크리스마스!

선행 릴레이와
크리스마스 기적

형제자매 여러분, 주님의 성탄을 진심으로 축하드립니다! 메리 크리스마스! 아기 예수님께서 주시는 기쁨과 평화가 형제자매 여러분 모든 가정에 충만하시길 빕니다.

미국 샌프란시스코에는 다리가 많은데 차를 타고 다리를 건널 때에는 1달러가량의 통행료를 내야 합니다. 그런데 가끔 크리스마스 때나 축제일 때에는 재미있는 일이 벌어진다고 합니다. 요금소에서 어떤 기분 좋은 운전자가 기쁨을 나누기 위해 2달러를 내면서 "내 뒷사람 것까지요." 하고 가면 징수원이 뒤차 운전자에게 "앞차가 내고 갔어요."라고 말합니다. 뒤차 운전자는 자신이 준비했던 1달러를 내면서 "그럼 이건 내 뒷사람 것입니다."라고 말한답니다. 이렇게 한 사람이 시작한 작은 선행이 때로는 온종일 릴레이식으로 다음 사람에게 이어진다고 합니다. 물론 기분 좋은 미소까지 함께 전달됩니다.

형제자매 여러분, 곧 선행 릴레이가 행복 릴레이가 됩니다. 우리는 조금만 일에 감동하게 됩니다. 인류를 구원하러 오신 주님의 성탄에 기쁨을 나누는 이런 선행 릴레이나 행복 릴레이가 번져간다면 얼마나 좋겠습니까? 오늘 기쁜 주님의 성탄을 맞이하여 작은 배려나 기분 좋은 말 한마디로 내 주위에 행복 릴레이를 시작해 보시지 않으렵니까?

형제자매 여러분, 다음은 1차 세계 대전 중에 일어났던 일입니다.

1914년 1차 세계 대전 중, 벨기에 이프르 지역에서 영국, 프랑스 연합군과 독일군이 참호를 파고 서로 대치하고 있었습니다. 가장 존엄한 인간의 생명이 마구잡이로 훼손되는 전쟁터에서 연합군과 독일군이 할 수 있는 일은 승리하기 위해 서로를 죽이는 일뿐이었습니다. 바로 눈앞에 쓰러져 있는 전우의 시체도 수습하지 못하고 그저 적을 향해 총부리를 겨누고만 있는 비극의 순간이었습니다. 이런 전쟁터에도 차가운 겨울이 오고, 눈이 오고, 크리스마스가 왔습니다. 크리스마스이브 날입니다. 독일군 참호 위로 크리스마스트리가 세워지더니 캐럴을 부르기 시작했습니다. "고요한 밤. 거룩한 밤…." 그리고 곧 캐럴을 따라 부르는 목소리가 하나둘 늘어났습니다. 급기야 연합군도 함께 노래를 부르기 시작했습니다. 결국, 이들은 크리스마스 단 하루를 위한 휴전 협정을 맺습니다. 불과 몇 시간 전 총구를 겨눴던 그들은 서로를 향해 겨누던 총을 버리고 웃는 얼굴로 적과 서로의 시선을 마주치는 놀라운 일이 일어났습니다. 주님이 탄생하신 성탄에 그들은 휴전 협정을 맺고 악수를 하고 술잔을 나누며 전쟁터에서 함께 축구를 하며 기쁨을 나누었다고 합니다.

형제자매 여러분, 이런 일이 있을 수 있겠습니까? 이것은 분명히 크리스마스의 기적입니다. 오늘 주님이 탄생하신 이날 크리스마스의 휴전처럼, 우리나라도 이북과 함께 종전선언을 통해서 남북이 하나 되는 통일이 되면 얼마나 좋겠습니까?

형제자매 여러분, 사제관 뒷마당에 있는 강아지 이름이 무엇인지 알고 계십니까? 남북통일을 기원하면서 이름을 "통일"이라고 지었습니다. 성모 어린이집 아이들까지 좋아합니다. 때론 간식도 주면서 함께 놀아줍니다. 문재인 대통령과 김정은 국무위원장이 2018년 판문점 정상 회담 때 김정은 국무위원장이 군사분계선을 넘어왔을 때 문재인 대통령과 서로 악수를 하며 웃으며 만났듯이 남북이 서로 오가며 대화하고 축구경기라도 한다면 얼마나 좋겠습니까?

형제자매 여러분, 주님은 이 세상에 평화와 기쁨을 주시기 위해서 오셨습니다. 오늘 복음에서 "모든 사람을 비추는 참 빛이 세상에 왔다."(요한 1, 9)라고 말씀하시면서 그 참 빛이신 예수님은 "말씀이 사람이 되시어, 우리와 함께 사시기 위해서 오셨다."(요한 1, 14)라고 하십니다. 정말 감사해야 할 일이고 고마운 일입니다.

형제자매 여러분, 여러분 마음속에 있는 그 아름다운 사랑, 그 사랑이 당신 속에 있다는 것을 알려주기 위해 아기 예수님이 세상에 내려온 아름다운 날, 기쁜 날이 바로 크리스마스입니다. 임마누엘이신 하느님께서 우리와 함께 살기 위해서 오셨습니다. 그러기에 기쁨으로 환영하면서 그 응답으로 선행 릴레이가 번져가서 행복 릴레이가 되고 기쁨 가득하고 웃음이 번지는 세상이 되기를 기원합니다. 아울러 고요한 밤, 거룩한 밤이 함께하는 성탄절에 주님의 사랑을 나누어 보시기 바랍니다. 분명히 행복이 흘러넘칠 것입니다. 그리고 꼭 여러분만의 크리스마스의 기적을 경험해 보시기 바랍니다.

형제자매 여러분, 다시 한번 더 주님의 성탄을 축하드립니다. 아기 예수님께서 주시는 기쁨과 평화가 여러분 가정에 충만하시길 빕니다.

메리 크리스마스!

바람

형제자매 여러분, 황금률이 무엇인지 알고 계십니까? 황금률은 황금과 같은 율법이라는 뜻으로, 매우 깊은 뜻을 담고 있어 인생에 유익한 교훈이 되는 말을 이르는 말입니다. 곧 황금률은 다름이 아니라 마태 7, 12에 나오는 "남이 너희에게 해 주기를 바라는 그대로 남에게 해 주어라."라는 말씀입니다. 남에게 대접받고자 하는 대로 먼저 남에게 해 주라는 말씀입니다. 남이 너희에게 해 주기를 바라는 그대로 남에게 해 준다면, 만사형통입니다. 가정에서 부부가 그리고 아들딸들이 이렇게만 산다면 "성가정"이 될 것입니다.

형제자매 여러분, 우리는 예수, 마리아, 요셉의 가정을 "성가정"이라고 하는데 왜 "성가정"이라고 부르는지 알고 계십니까? 무엇보다도 이 세 분은 하느님의 뜻의 실현을 위해서 하느님께서 바라는 그대로 삶을 사셨기 때문입니다. 성모님은 "성령으로 잉태하여 하느님의 아들을 낳게 된다."라는 가브리엘 천사의 전갈을 받고 "주님의 종"으로서 응답하셨습니다. 그리고 요셉도 성령으로 잉태하여 배가 불러오는 마리아와 파혼하려고 했지만, 꿈에 천사가 나타나서 "다윗의 자손 요셉아, 두려워하지 말고 마리아를 아내로 맞아들여라. 그 몸에 잉태된 아기는 성령으로 말미암은 것이다. 마리아가 아들을 낳을 것이니 그 이름을 예수라 하여라. 그분께서 당신 백성을 죄에서 구원하실 것이다."(마태 1, 19-20) 이렇게 하느님의 뜻, 바람을 실천하셨습니다. 역시 예수님도 하느님 아버지의 뜻을 위해서 이 세상에 비천한 인간으로 오셔서 구원의 잔을 받고 십자가의 고통을 당하셨습니다. 겟세마니 동산에서 수난을 앞두시고 피와 땀을 흘리시며 "아버지 아버지께서 원하시면 이 잔을 저에게서 거두어 주십시오. 그러나 제 뜻이 아니라 아버지의 뜻이 이루어지게 하십시오."(루카 22, 42)라고 기도하신 대로 하느님 아버지의 뜻을 실천하셨습니다. 이렇게 세분은 도저히 있을 수 없는 번민과 고통 속에서도 하느님 아버지의 뜻, 바람대로 사셨기에 성가정을 이루셨습니다.

형제자매 여러분 조금 전에 황금률이 무엇이라고 말씀드렸습니까? "남이 너희에게 해 주기를 바라는 그대로 남에게 해 주어라." 남에게 해 주기보다도 어떻게 보면 우리는 이 세상을 살면서 남에게, 상대방에게 너무나도 많은 것을 바라면서 살고 있습니다.

형제자매 여러분, 여러분의 남편이 무엇을 해 주시기를 바라십니까? 아니면 여러분의 아내가 무엇을 해 주시기를 바라십니까? 또 여러분의 아들딸들이 무엇을 해 주기를 바라십니까?

또 여러분의 부모님이 무엇을 해 주기를 바랍니까?

 제가 언젠가 라디오를 듣다가 들은 노랜데 그 노래 가사가 하도 좋아서 도대체 이 노래가 무슨 노랜가 하고 인터넷에 찾아봤습니다. 가수 김종완 씨가 작사 작곡을 하고 노사연 씨가 부른 〈바램〉이란 노래이더군요. 여러분도 다 잘 아시지요? 제가 노래를 잘하면 한 곡 뽑겠는데, 참겠습니다. 그 가사가 참 좋습니다. 음미해 보시기 바랍니다.

내 손에 잡은 것이 많아서 손이 아픕니다.
등에 짊어진 삶의 무게가 온몸을 아프게 하고
매일 해결해야 하는 일 땜에 내 시간도 없이 살다가
평생 바쁘게 걸어왔으니 다리도 아픕니다.

내가 힘들고, 외로워질 때 내 얘길 조금만 들어 준다면
어느 날 갑자기 세월에 한복판에 덩그러니 혼자 있진 않겠죠.
큰 것도 아니고, 아주 작은 한 마디 지친 나를 안아주면서
사랑한다 정말 사랑한다는 그 말을 해 준다면
나는 사막을 걷는다 해도 꽃길이라 생각할 겁니다.
우린 늙어가는 것이 아니라 조금씩 익어가는 겁니다.

내가 힘들고, 외로워질 때 내 얘길 조금만 들어 준다면

어느 날 갑자기 세월에 한복판에 덩그러니 혼자 있진 않겠
죠.
큰 것도 아니고, 아주 작은 한 마디 지친 나를 안아주면서
사랑한다 정말 사랑한다는 그 말을 해 준다면
나는 사막을 걷는다 해도 꽃길이라 생각할 겁니다.
우린 늙어가는 것이 아니라 조금씩 익어가는 겁니다.
우린 늙어가는 것이 아니라 조금씩 익어가는 겁니다.

저 높은 곳에 함께 가야 할 사람 그대뿐입니다.

가정에서 부부가 서로 바라는 것은 아주 큰 것이 아니더군요.
그저 "아주 작은 한 마디 안아주면서 사랑한다. 정말 사랑한
다."라는 말이랍니다. 사랑한다는 그 말을 해 준다면 "나는 사
막을 걷는다고 해도 꽃길이라 생각할 겁니다." 이 얼마나 좋은
말입니까? "우린 늙어가는 것이 아니라 조금씩 익어가는 겁니
다." 정말 가사가 아주 좋습니다. 나이를 먹어감에 따라 "늙어
가는 것이 아니라 조금씩 익어간다." 참 표현이 좋습니다.

형제자매 여러분, 정말로 "하느님께서 보시니 좋더라." 하신
말씀대로 여러분들은 보기 좋게 조금씩 익어가고 있습니까?
형제자매 여러분, 부부는 "바램" 노래 마지막 가사처럼 "저 높
은 곳에 함께 가야 할 사람 그대뿐입니다." 그렇기에 서로를 위
해 주면서 손잡고 다정하게 사시기 바랍니다. 꼭 성가정을 이

룩하시기 바랍니다. 아무리 아옹다옹해도 인생은 나그넷길이고 빈손으로 가야 할 존재입니다. 만약 함께 가야 할 사람이 없다면, 성당에 나오시지 않거나 냉담하고 있다면 얼마나 마음이 허전하고 아프겠습니까? "저 높은 하늘나라 함께 가야 할 사람, 오직 그대뿐!"이라는 것을 명심하시면 좋겠습니다. 잠시 후 동영상을 통해서 "바램" 노래를 들려드리겠습니다. 노래 가사를 음미하시면서 기도하시기 바랍니다.

동방박사와 예물

오늘은 주님 공현 대축일입니다. 형제자매 여러분, "공현"이란 뜻이 무엇이지요? 공현(公顯)은 "나타남 혹은 나타내어 보여줌" 등의 의미를 갖는 말입니다. "공적으로 나타내다, 공적으로 보여준다."라는 의미입니다. 그래서 주님 공현 대축일은 아기 예수님이 세 명의 동방박사에 의해, 자신이 메시아임이 드러나게 된 사건을 기념하는 날입니다. 다시 말하면 메시아가 인류의 구원을 위해서 인간으로 이 세상에 오신 사실을 처음으로 온 세상에 공적으로 알게 된 것을 기념하는 날입니다.

형제자매 여러분. 동방박사들의 여정은 참으로 어려웠을 것입니다. 오로지 별빛에 의지해서 추위와 싸우며 인류의 구원을 위해 탄생하신 주님을 만나 뵙고자 하는 일념으로 밤새도록 걸어야 했기 때문입니다. 그 길은 어떻게 생각하면 신앙인의 여정과 똑같습니다. 그 길은 결코 안일한 길이 아닙니다. 주님을 만나기 위해서 스스로 찾아 떠나야 하기 때문입니다. 동방박사는 중세 유럽 때부터 성인으로서 널리 공경하고 있었습니다. 현재도 가톨릭에서는 3명 모두 1월 6일에 기념하고 있는데 특히 이들이 예수 그리스도를 경배한 최초의 이교도라는 점을 매우 중시하고 있습니다. 전 세계 인류의 대표라는 의미에서 각각 백인, 흑인, 황인으로 묘사되는 경우도 있는데, 그 세 분의 이름이 무엇인지 알고 계십니까? 멜키오르(Melchior, 백인), 발타사르(Balthasar, 흑인), 가스파르(Caspar, 황인)입니다.

백인, 흑인, 황인은 전 세계 인종의 대표입니다. 그러므로 구세주의 탄생은 동방의 세 분 박사들을 통하여 이제 만민에게 드러내 알려졌음을 상징합니다. 주님의 성탄은 이제 유대인뿐만 아니라, 온 세상 사람들에게 당신의 성탄을 더러 내셨습니다. 그러므로 주님의 공현입니다.

형제자매 여러분, 왜 인간이 백인, 흑인, 황인으로 되었는지 알고 계십니까? 성경을 보면 하느님께서는 인간을 창조하실 때, 진흙으로 인간을 빚으셔서 숨결을 불어넣으시니 사람이 되었다고 기록하고 있습니다. 하느님께서 인간을 진흙으로 사람을 만들어 불가마에 구울 때 처음엔 하느님께서 불 조절을 잘못해서 조금 덜 구워서 백인이 탄생했다고 합니다. 그래서 이번에는 불을 좀 더 세게 하니까 이번엔 새까맣게 타서 흑인이 되었다고 합니다. 이번에도 실패작입니다. 그래서 하느님께서 이번에는 바짝 신경을 써서 놀놀하게 알맞게 구우니까 "황인이 탄생되었다."라고 합니다. 그러니까 황인이 하느님의 최고의 걸작품이 아니겠습니까? 믿거나 말거나 알아서 하십시오.

그건 그렇고 형제자매 여러분, 이 세분의 동방박사들이 예수님께 바친 예물이 무엇이지요? 황금과 유향과 몰약입니다. 참으로 값지고 보배로운 예물입니다. 황금은 정말로 비싸고 값집니다. 이것으로 왕관을 만듭니다. 그러므로 예수님께 황금을 봉헌했다는 것은 인류의 구원을 위해 오신 예수님께서 만민의 왕이심을 표상하고 있습니다. 그리고 유향은 제사 때 사용합니다. 향불을 피운다는 것은 정화와 우리의 기도를 상징합니다. 그러므로 인류를 위해 탄생하신 예수님은 대사제이시면서 우리의 기도를 받으실 신성을 갖춘 하느님이심을 상징하고 있습니다. 그리고 마지막으로 예수님께 드린 예물이 무엇이지요? 몰약입니다. 이 몰약은 시신에 처리하는 방부제입니다. 이 몰약도 그 당시에 아주 값비싼 약품입니다. 왜 몰약을 주님께 봉헌했겠습니까? 인류의 구원을 위해 비천한 인간의 몸으로 탄생하신 예수님께서는 십자가의 죽음을 통해 사흘 만에 부활하시는 불사불멸의 하느님이심을 상징하고 있습니다. 동방박사들이 예수님께 바친 황금, 유향, 몰약은 예수님께서 참 하느님이시며 참사람이시고, 하늘과 땅의 왕이심을 의미합니다.

그러므로 형제자매 여러분, 주님의 공현 대축일을 경축하면서 우리도 동방박사들처럼 정말로 가장 값지고 보배로운 예물을 주님께 드려야 하겠습니다. 그런 예물이 무엇이겠습니까? 정말로 값지고 보배로운 예물은 바로 사랑의 삶을 사는 것입니다. 그리고 또한 공현은 공적으로 우리 주님의 성탄의 기쁜 소식을 알리는 것입니다. 동방의 세 분 박사들에 의해서 공적으로 알려지게 된 것처럼 우리도 온 세상에 주님의 성탄의 기쁜 소식을 전해야 하겠습니다. 그리고 마지막으로 동방박사들처럼 만민을 위해 탄생하신 주님을 만난다는 것은 안일한 길이 아닙니다. 별빛에 의존해 밤새도록 걸으면서 추위와 싸웠고 간교한 방해꾼 헤로데 왕도 만났습니다. 그러므로 우리도 주님을 만나기 위해서 동방박사들처럼 "유다인의 임금으로 태어나신 분이 어디 계십니까? 우리는 동방에서 그분의 별을 보고 그분께 경배하러 왔습니다."(마태 2, 2)라고 말하면서 이 세상의 많은 유혹을 물리치고 스스로 시간을 내어 찾아 나서고 기도하고 공부함으로써 그분을 꼭 만나 뵈옵는 성탄이 되도록 해야 하겠습니다.

"유대인의 임금으로 태어나신 분이 어디 계십니까? 우리는 동방에서 그분의 별을 보고 그분께 경배하러 왔습니다."(마태 2, 2) 아멘!

효도각서

사랑받는 아들, 마음에 드는 아들

형제자매 여러분, 넌센스 퀴즈를 내겠습니다. 한 번 알아 맞
춰보시기 바랍니다.

첫 번째 문제는 "① 아들이 사춘기가 되면(② 아들이 군대 가면
③ 아들이 장가가면) 부모와의 관계가 어떻게 되겠습니까?"라는
문제입니다. (① 남남 ② 손님 ③ 사돈)
두 번째 문제는 "① 딸 하나(② 딸 둘 ③ 아들 하나 ④ 아들 둘) 두
면 그 어머니는 어디서 죽을까요?"라는 문제입니다.
① 딸이 하나면(딸네 집 설거지하다 부엌에서, 버스 안에서) 죽는다.
② 딸이 둘이면(국제 파출부가 되어 해외 여행하다, 비행기 안에서) 죽
는다. ③ 아들이 하나면(양로원에서, 골방)에서 죽는다. ④ 아들
이 둘이면 오가다(길에서) 죽는다(서로 오지 말라고 해서).

형제자매 여러분, 아들, 딸들은 이제 보험이 안 됩니다. 차라
리 아들, 딸들을 신학교나 수녀원에 보낸 부모님이 참으로 현
명하십니다. 이해하시겠습니까?

형제자매 여러분, 요즘 자식들이 부모님의 재산을 물려받고 나면 '안면몰수'하는 자식들이 많다고 합니다. 그래서 부모님들이 자식들을 상대로 생활비를 달라고 소송을 내는 부모가 늘고 있다고 합니다. 또 대법원에 따르면 자식이 부모를 팽개쳐버리거나 패륜 행위를 저질러 재산을 돌려받게 해 달라는 부모들의 소송 건수가 해마다 급증하고 있다고 합니다. 그러나 소송을 제기해도 대부분 부모가 '백전백패'한답니다. 왜냐하면, 한번 증여한 재산을 다시 돌려받는 것은 현행법상 불가능하기 때문입니다. 노인 학대 사건이 지난해만 6,000여 건 일어났지만 이 역시 처벌이 힘듭니다. 자식이 부모를 때려도 부모가 고소하지 않으면 수사기관이 관여할 수 없는 친고죄, 반의사불벌죄의 규정 때문입니다. 부모로 살아가기 힘든 사회입니다. 한국 노인 빈곤율은 49.6%로 세계 1위입니다. 당연히 노인 자살률도 높아 세계 1위입니다.

　　올해 73세인 박 모 할아버지는 현재 4평 남짓한 단칸방에서 홀로 지내고 있습니다. 박 할아버지는 의붓아들에게 자신의 집과 땅을 내어준 뒤 버림받았습니다. 재산 상속 이후에는 자식이 부모로 생각하지 않았다는 것입니다. "내 자식처럼 여기고 평생을 바쳐온 세월이 한심하고 억울해 더는 살고 싶은 마음이 조금도 없다."라고 한숨을 쉬지만, 방법이 없습니다. 빼앗긴 재산보다 더 괴로운 것은 평생 돌봐 준 아들에게 버림받았다는 자괴감과 외로움 때문입니다.

형제자매 여러분, 이런 상황에서 무슨 좋은 방법이 없겠습니까? 방법은 있습니다. 자식에게 재산을 물려줄 때 '각서'를 받는 것입니다. 곧 '효도각서'입니다.

　서울에 사는 유 모 할아버지는 2013년 12월 아들에게 종로구 가회동 한옥촌에 있는 2층 단독주택을 물려줬습니다. "부모를 잘 봉양하겠다."라는 각서와 함께. 유 할아버지 부부는 2층, 아들 부부는 1층에 살았습니다. 할아버지는 소유하고 있던 임야 3필지와 회사 주식도 아들에게 넘겼고, 다른 재산을 정리해 아들 회사의 빚도 갚아줬습니다. 그러나 같은 집에 사는 아들 내외는 부모와 밥도 같이 먹지 않았답니다. 허리디스크를 앓던 어머니가 집안 살림을 도맡아 해야만 했습니다. 어머니 병수발은 따로 사는 누나와 가사도우미가 맡았다고 합니다. 어머니가 아예 거동을 하지 못하자 아들은 요양원에 가라며 윽박질렀답니다. 괘씸한 아들에게 실망한 노부부는 따로 살 아파트를 마련하겠다며 넘겨준 2층 주택 등기 이전을 요구했습니다. 그러자 아들은 "천년만년 살 것도 아닌데 무슨 아파트가 필요하냐?"고 하면서 오히려 면박을 주었답니다. 그래서 할 수 없이 유 할아버지는 딸 집으로 갔고 아들을 상대로 부동산 소유권 반환소송을 법원에 냈답니다. 그 결과 1심과 2심은 "아들이 막말을 하고 부모 부양책임 조건을 이행하지 않았기 때문에 주택을 돌려줘야 한다."라고 판결했답니다. 대법원도 "부모가 부동산을 넘긴 행위는 단순 증여가 아니라 부양 의무 이행을 전제로 한 '부담증여'라며 이를 이행하지 않을 경우 증여를 해제할 수 있다."라고 최종 판단했습니다.

형제자매 여러분, 유 할아버지의 경우는 '효도각서'가 있었기에 재산을 되찾을 수 있었습니다. '각서'가 없으면 자식이 아무리 부모를 외면하고 학대해도 재산을 되찾지 못합니다. 생활비 몇 푼 타내려면 길고 까다로운 재판을 거쳐야 합니다. 변호사가 필요하고 법정비용도 들어가야 합니다. 이제 우리나라는 더이상 '동방예의지국'이 아닙니다. 자식에게 재산을 물려주면서도 도장 찍고 각서를 받아야 하는 세태가 되었습니다.

형제자매 여러분, 그래서 〈불효자방지법〉이 생기게 되었습니다. 불효자방지법이란, 부모의 재산을 증여받은 자식이 부모를 학대하거나 부당한 대우를 할 경우엔 증여를 취소하고, 부모를 폭행한 자식은 부모의 의사와 상관없이 형사처벌을 하는 법입니다. 부모의 재산을 챙긴 뒤엔 '안면몰수'하는 패륜이 심해지자 여야 의원들이 앞다퉈 국회에 제출했습니다.

부모를 모시는 것은 인간으로서 기본 윤리입니다. 하늘이 맺어 준 천륜(天倫)입니다. 하느님께서 모세를 통해서 내려 준 십계명 4계명에도 "부모에게 효도하라."라고 명시하고 있습니다. 부모에 대한 자녀의 도덕적 의무와 인간성 회복을 위해서라도 불효자 방지법은 조속히 통과돼야 하지 않겠습니까? 이제 천륜 관계가 계약이나 법률로 규제돼야 하는 '막장' 인생이 되었습니다. 너무나 가슴 아픕니다. 성당엔 안 나가도 자식들에게 공부만 시키려고 하다가 이 신세가 되었습니다. 무엇보다도 사람 되는 교육, 종교 교육을 시켜야 하는데 그 결과 이렇게 된 것입니다. 이것이 누구의 책임입니까? 새해에는 부모를 돌보지 않고 학대하는 불효자식들이 더 이상 나오지 않았으면 좋겠습니다.

형제자매 여러분, 오늘 왜 이런 얘기를 장황하게 하는가 하면, 하느님께서 당신 아들 예수님을 이 세상에 보내면서 '효도각서'를 쓰셨겠습니까? 오늘은 예수님이 요르단강에서 세례자 요한으로부터 세례를 받은 날입니다. 예수님이 세례받으실 때 하늘이 열리면서 성령이 비둘기 형상으로 내리시고 하늘에서 "너는 내가 사랑하는 아들, 내 마음에 드는 아들이다."(루카 3, 22)라는 소리가 들려왔다는 것입니다. 이렇게 예수님이란 분이 누구신지 확연하게 드러난 날입니다. 곧 예수님의 공현이 완성된 날입니다. 형제자매 여러분, 어떻게 하면 사랑받는 아들딸, 마음에 드는 아들딸이 될 수 있겠습니까?

하느님께서 당신 아들 예수님을 이 세상에 파견하시면서 인간들처럼 "효도각서"를 쓰지 않으셨습니다. 예수님께서는 아버지의 뜻을 이루려고 하느님이시면서 비천한 인간으로 오셔서 고난의 잔을 마시고 인류의 구원을 위해서 몸소 십자가를 지셨습니다. 그로 인해서 곧 예수님께서는 사랑받는 아들, 마음에 드는 아들이 되셨습니다.

형제자매 여러분, 여러분도 세례받은 때를 기억하고 상기하면서 사랑받는 아들딸, 마음에 드는 아들딸이 될 수 있도록 다짐하면서 노력해야 하겠습니다. 역시 부모님께도 사랑받는 아들딸들이 될 수 있도록 "효성스러운 자녀"가 될 수 있도록 이 제사를 통해서 열심히 기도해야 하겠습니다.

> "너는 내가 사랑하는 아들, 내 마음에 드는 아들이다."(루카 3, 22) 아멘!

연중 시기

내 인생의 술이 떨어졌을 때

형제자매 여러분! 예수님께서 첫 기적을 행하셨는데 그 기적이 무엇이겠습니까? "카나의 혼인 잔치에서 물을 포도주로 변화시킨 기적" 바로 오늘 복음 말씀입니다. 예수님께서는 오늘 혼인 잔칫집에 가셔서 물을 포도주로 변화시키셨는데, 술꾼이라면, 동해가 맥주(포도주)라면 얼마나 좋을까? 주유소 주인이라면, 동해가 휘발유(석유)라면 얼마나 좋을까? 농민이라면 바다가 육지라면 얼마나 좋을까? 아마 이렇게 생각했을 것입니다.

형제자매 여러분, 개신교에 다니는 어떤 사람이 성당에 다니는 신자들을 보고 "당신들은 마리아를 믿는군. 마리아를 믿는 종교!"라고 몰아붙인다면 여러분은 어떻게 설명해 줄 수 있겠습니까?

첫째로, "우리는 마리아, 성모님을 믿는 것이 아니라, 존경한다."라고 말해야 할 것입니다. "우리는 성부, 성자, 성령이신 하느님을 믿지, 성모님을 믿는 것이 아니다."라고 분명하게 얘기해 줘야 합니다. 그러면 그들이 "성당 마당에 성모상이 있고 성당 안에도 있는데 무슨 소리를 하느냐?"라고 말할 것입니다.

우리의 믿음의 대상은 오로지 한 분이신 하느님이시다. 성모님은 믿음의 대상이 아니라 존경의 대상이다. 그런데 그 존경의 차원이 서로 다르다. 가정에서 가장 존경을 받으셔야 할 분은 할아버지가 계신다면, 할아버지, 그다음은 큰아버지, 그다음 아버지이듯이 우리가 신앙 안에서 가장 존경을 해야 할 분은 누구이시겠습니까? 하느님, 곧 성부, 성자, 성령이신 삼위일체 하느님이십니다. 이 하느님께 드리는 존경을 무엇이라고 하지요? "흠숭"이라고 합니다. 그다음 어머니 성모님께 드리는 존경을 "상경"이라고 합니다. 그리고 그다음 성인 성녀께 드리는 공경을 그냥 "공경"이라고 합니다. 학교의 예를 들자면 가장 존경을 받으셔야 할 분은 교장 선생님, 그다음은 교감 선생님, 그다음은 다른 선생님이듯이 존경의 차원, 급수가 다름을 말해 주어야 합니다.

둘째로 "우리는 하느님께 직접적으로 기도하고 성모님께는 간접적으로 기도한다."라는 것을 설명해 주어야 합니다. 주님의 기도를 예로 든다면, 주님이신 하느님께는 "일용할 양식을 주십시오." 하고 직접적으로 기도합니다. 그러나 성모송을 보면 "천주의 성모 마리아님, 저희 죄인을 위하여 빌어주소서."라고 기도합니다. "빌어달라고" 하는 기도는 "우리를 대신해서 잘 말씀드려 달라."라는 기도로, 간접적인 기도라는 것을 꼭 말해 주어야 합니다.

셋째로, "그러면 왜 어머니께 중재해 달라고 기도하느냐? 직접적으로 하지?"라고 생각하는 사람들이 많습니다. 오늘 카나의 혼인 잔치를 봐라. "이 집에 포도주가 떨어졌구나." 성모님께서 예수님께 말씀드립니다. 포도주가 떨어졌다는 것은 잔치에 기쁨과 흥이 없다는 것입니다. 손님을 초대해 놓고 술이 떨어졌다면 주인으로서는 큰 낭패요, 수치입니다. 혼인 잔치가 파장된다는 뜻입니다. 그래서 이를 보다 못한 성모님께서 예수님께 청했습니다. 그런데 예수님께서 하신 말씀은 "여인이시여, 저에게 무엇을 바라십니까? 아직 저의 때가 오지 않았습니다."(요한 2, 4) 그렇게 말씀하셔도 어머니께서 일꾼들에게 "무엇이든지 그가 시키는 대로 하여라."(요한 2, 5)라고 말씀하셨습니다. 아직 때가 되지 않았지만 성모님의 청에 의해서 물을 포도주로 변화시키는 첫 번째의 기적을 행하셨습니다. 이것을 보더라도 당신 어머니 마리아의 청이라면 차마 거절하시지 못하시고 기꺼이 들어주시는 예수님이심을 알 수 있습니다. 그러므로 우리 가정에서 어려운 일이 있을 때 어머님께서 아버지께 중재하듯 성모님께서 중재 역할을 하시는 전구자이십니다.

형제자매 여러분, 우리가 이 세상을 살아가면서 "내 인생의 술이 떨어졌을 때" 어떻게 해야 하겠습니까? 그저 앞이 캄캄하고 막막할 때 어떻게 해야 하겠습니까? 성모님께 전구 해야 하겠습니다. 내 인생의 술이 떨어졌을 때 우리 어머니이신 성모님께 전구해야 하겠습니다. 아마 성모님께서는 카나의 혼인 잔치에서처럼, "예수님, 풍기성당에 다니는 그 누구 있잖아요? 그분이 인생의 술이 떨어졌어요. 어떻게 해결 좀 해 주세요."라고 아들 예수님께 분명히 말씀하실 것입니다. 그러므로 혼인잔치에서처럼, 우리는 언제나 성모님과 예수님을 함께 초대하는 현명한 신앙인이 되어야 하겠습니다. 그러면 언제나 만사 오케이입니다. 그 가운데에는 언제나 기쁨과 행복이 있기 때문입니다.

형제자매 여러분, 어떤 천주교 신자가 개신교 신자인 친구의 생일잔치에 초대되어 갔습니다. 그런데 음식은 푸짐하게 많이 차렸지만, 중요한 술이 없었습니다. 먼저 식사 전 기도를 주인인 친구가 생일을 맞이하여 감사의 기도를 바치고 모두가 아멘으로 응답을 하고 식사를 시작하게 되었습니다. 그때 초대받은 친구가 "여보게, 이 좋은 날에 하느님의 말씀인 성경 말씀 한 구절 듣고 식사를 해야지?"라고 하면서 성경책을 가져오라고 했습니다. 초대받은 친구가 가져온 성경책을 받아들고 펴서 읽기 시작했습니다. 어떤 성경 말씀이겠습니까? 곧 요한복음 2장 3절의 말씀입니다. "그런데 포도주가 떨어지자 예수님의 어머니가 예수님께 '포도주가 없구나.' 하였다."(요한 2, 3) 이 말씀을 세 번이나 반복해서 읽은 다음 "주님의 말씀입니다."라고 말했습니다. 그다음 어떻게 되었겠습니까? 주인은 얼굴이 새빨갛게 붉어지더니 "여보, 저 장롱 속에 있는 포도주 가져와요." 하더랍니다. 형제자매 여러분, 요한복음 2장 3절 잊지 마시기 바랍니다.

> "그런데 포도주가 떨어지자 예수님의 어머니가 예수님께 '포도주가 없구나.' 하였다."(요한 2, 3) 아멘!

공짜로 열 번 태워 주세요

　형제자매 여러분, 오늘은 먼저 여러분들에게 가슴 뭉클한 이야기 한 토막을 전해드리겠습니다.

　저는 평범한 회사 생활을 하는 34살의 회사원입니다. 용인 민속촌 근방의 회사에서 근무하다가 회사 일 때문에 서울 역삼역 근처 본사에 가게 되었습니다. 용인 회사에 있을 때는 자가용을 이용하여 출퇴근하다가 막상 서울을 가려고 하니까, 차도 막힐 것 같고 지하철을 타자니 너무 답답할 것 같아서 오랜만에 버스를 타고 가기로 마음먹고 버스를 기다렸습니다. 서울로 가는 버스는 분당에서 많이 있기에 용인 신갈에서 오리역까지 완행으로 운행되고 있는 버스를 탔습니다. 그때가 7시 50분 정도 되었을 겁니다. 언제나 그랬듯이 버스는 만원 상태라고 생각했는데 그날은 보통 때와 다르게 서 있는 사람은 4명 정도고 모두 앉아 있는 상태였습니다. 구성쯤 도착해서 막 출발하려고 할 때의 일입니다. 한 할아버지가 양손 가득히 짐을 들고 버스를 간신히 탔습니다. 한눈에 보기에도 당신의 아들이나 딸에게 주려고 시골에서 가져온

식료품 같아 보였습니다. 한 10m 정도 앞으로 나갔을까요? 갑자기 버스가 급정거하는 것이었습니다. 놀란 사람들이 앞을 바라보았습니다. 운전기사는 할아버지에게 차비 없으면 빨리 내리라고 호통을 쳤습니다. 할아버지는 어쩔 줄 몰라 하며 한 번만 태워 달라고 애원하다시피 말을 하고 있었습니다. 마음속에서는 운전 기사에게 어르신한테 너무한다며 뭐라고 말하고 싶었지만 차마 입이 떨어지지 않았습니다. 그런 찰나에 초등학생으로 보이는 여자아이가 앞으로 성큼성큼 걸어갔습니다. 그리고는 가방을 내려놓고 여기저기 뒤지기 시작했습니다. 그리고 기사 아저씨한테 귀가 떨어져 나갈 정도로 막 소리를 지르는 것이었습니다.

"할아버지잖아요, 아저씨!! 앞으로는 이렇게 불쌍하신 분들 타시면 공짜로 열 번 태워 주세요!!"라고 말하면서 만 원짜리를 돈 통에 넣는 게 아니겠어요? 순간 눈물이 핑~ 돌 정도의 찡함이 제 가슴을 스치고 지나가더군요. 그리고는 할아버지를 자기가 앉아 있던 자리에 모시고 가는 게 아니겠어요. 정말 제가 태어나서 이렇게도 창피했던 적이 있었나 하는 순간이었습니다. 나 아닌 다른 사람들도 같은 마음이었을 것으로 생각합니다. 왜 이렇게도 고개를 들 수가 없는지, 어른이라는 게 이렇게도 후회가 되는 하루는 처음이었습니다. 내릴 때쯤 다 왔을 때, 저는 만원을 지갑에서 꺼냈습니다. 그리고는 내리는 문이 열렸을 때 그 꼬마 주머니에 만 원짜리를 얼른 찔러 넣고는 도망치듯 뛰어내렸습니다. 그렇게라도 하지 않으면 제 마음이 편치 않을 것 같았습니다. 반성하는 하루를 살게 해 준 그 꼬마에게 진심으로 머리 숙여 감사합니다[3].

형제자매 여러분, 참으로 용기 있는 어린이입니다. "앞으로 이렇게 불쌍하신 분들 타시면 공짜로 열 번 태워 주세요!" 아마 이 어린이는 모든 승객의 시선 집중을 받았을 것입니다. 참으로 가슴 뭉클한 이야기입니다. 이와 마찬가지로 오늘 예수님께서도 회당에 있는 많은 사람으로부터 역시 시선 집중을 받습니다. "주님께서 나에게 기름을 부어 주시니, 주님의 영이 내 위에 내리셨다. 주님께서 나를 보내시어 가난한 이들에게 기쁜 소식을 전하고, 잡혀간 이들에게 해방을 선포하며, 눈먼 이들을 다시 보게 하고, 억압받는 이들을 해방시켜 내보내며 주님의 은혜로운 해를 선포하게 하셨다."(루카 4, 18-19)라는 성경 대목을 읽으시고 "오늘이 성경 말씀이 너희가 듣는 가운데에서 이루어졌다."(루카 1, 21)라고 말씀하셨기 때문입니다.

형제자매 여러분, 예수님이 이 세상에 오신 목적이 무엇입니까? 오늘 복음은 예수님께서 이 세상에 오신 목적이 무엇인지를 밝히고 있습니다. 가난한 사람, 옥에 갇힌 이, 눈먼 이, 억압받는 이, 이들의 해방을 이룩하기 위해서 오셨습니다. 곧 사랑을 실천하시기 위해 오셨다는 것입니다. 예수님께서는 조금 전

---

3) 다음 카페, 〈어느 초등학생의 교훈〉, https://cafe.daum.net/beemoon/
   p81x/919?q=초등학생의+교훈&re=1(19. 12. 01)

어린이가 "앞으로 이렇게 불쌍한 분들이 타시면 공짜로 열 번 태워 주세요."라고 말했듯이 정말 가난하고 불쌍한 이 죄인들을 위해서 공짜로 열 번이 아니라 천만 번이라도 하늘나라 구원 열차에 태워주시기 위해서 이 세상에 오셨습니다. 죄로 인해서 옥에 갇힌 이, 죄에 짓눌려 억압당하는 불쌍한 사람들의 진정한 해방을 위해서 오셨기에 그분은 바로 "기쁜 소식", 즉 "복음"이십니다.

조금 전 버스에서 차비를 내라고 구박당하면서 어쩔 줄 모르는 가난한 할아버지를 보고 용감하게 뛰어나와 운전기사 아저씨에게 그 어린이의 호통은 차에 탄 승객들에게 통쾌함을 안겨 주었습니다. 이와 마찬가지로 예수님도 간음한 여인이 죄지어 잡혀 와 땅에 엎드려 몸 둘 바를 모르고 벌벌 떨고 있을 때, 군중들은 모두 손에 돌을 들고 의기양양하게 "예수 양반, 이 여인을 돌로 칠까? 어떻게 할까?"라고 다그칠 때 예수님께서 뭐라고 말씀하셨습니까? "너희 중에 죄 없는 자, 먼저 돌로 이 여인을 쳐라."(요한 8, 7) 그들은 예수님의 이 말씀에 슬그머니 돌을 던져 버리고 도망치지 않았습니까?

"너희 중에 죄 없는 자, 먼저 돌로 이 여인을 쳐라."라는 예수님의 말씀에 그들은 KO패 당하고 말았습니다. 진정 예수님께서는 "건강한 이들에게는 의사가 필요하지 않으나 병든 이들에게는 필요하다. 나는 의인이 아니라 죄인을 부르러 왔다."(마르 2, 17)라는 말씀대로 죄인들과 함께하시면서 죄인들의 죄의 사함과 해방을 위해서, 또한 병자들의 병으로부터의 치유를 통해서 병에 묶여 시달리는 사람들에게 진정 해방을 안겨 주셨습니다. 구약의 이스라엘 백성들은 이집트 노예살이에서 모세의 영도로 홍해 바다를 건너 해방을 얻게 되었습니다. 그 기쁨이 얼마나 컸겠습니까? 그들은 문설주에 바른 희생된 양의 피로써 구원과 해방을 이루었습니다. 신약의 백성들은 십자가에 희생된 예수님의 피로써 죄의 노예 살 이에서 해방되어 구원을 얻게 되었습니다. 이렇게 예수님의 십자가에는 인류를 사랑하신 예수님의 따뜻한 사랑이 베여있는 구원의 십자가가 된 것입니다.

형제자매 여러분, 예수님께서 이 세상에 오신 목적이 가난한 사람들에게 복음을 전하고 옥에 갇힌 이, 눈먼 이, 억압받는 이, 이들의 해방을 위해서 오셨다고 했습니다. 그러므로 우리도 가난한 사람, 옥에 갇힌 사람, 눈먼 사람, 억압받는 사람들의 해방을 위해서 우리도 노력해야 하겠습니다. 특히 "오늘 이 성경 말씀이 너희가 듣는 가운데에서 이루어졌다."(루카 1, 21)라고 선언할 수 있는 그런 삶을 살아야 하겠습니다. 아울러 "아저씨!! 앞으로는 이렇게 불쌍하신 분들 타시면 공짜로 열 번 태워 주세요."라고 말한 어린이의 용기도 본받아야 하겠습니다.

> "오늘 이 성경 말씀이 너희가 듣는 가운데에서 이루어졌다."
> (루카 1, 21) 아멘!

돼지 눈과 부처님의 눈

무학 대사는 태조 이성계의 왕사(王師)로 있었습니다. 왕사는 고려와 조선 초기에 임금의 스승으로 책봉된 승려(僧侶)를 말합니다. 고려 태조는 불교를 통치이념으로 삼아 통일신라 시대부터 있었던 국사(國師) 외에 왕사를 새로 두어, 고려의 거의 전시기에 왕사를 책봉했습니다. 그렇지만 조선은 국가경영의 기초를 불교를 배척하고 유교에 두었기 때문에 조선왕조에서는 별로 대접을 못 받았습니다. 오늘은 태조와 무학 대사의 일화 한 토막을 전해드립니다.

어느 날 태조가, 무학 대사에게 "누가 농담을 잘하는지 내기를 해 보자."라고 제안을 했습니다. 그래서 무학 대사는 "대왕께서 먼저 하시지요."라고 말했습니다. 그러자 태조 이성계는 "내가 보니 스님은 꼭 돼지처럼 생겼소."라고 말했습니다. 그러니까 무학 대사는 "제가 보니 대왕께서는 꼭 부처님 같습니다."라고 응답했습니다. 그러니까 태조는 "어째서 스님은 같이 농담을 안 하시오. 아니, 스님! 내가 스님을 '돼지'라고 놀리면 스님도 나를 무어라 흉보셔야 재미가 있지,

나를 '부처'라고 하니 농담하려던 내가 재미없지 않습니까?" 그러니까 무학 대사는 "아닙니다, 대왕님. 저도 농을 한 것입니다.", "개 눈에는 똥(便)만 보이고, 돼지 눈에는 돼지만 보이고, 부처님 눈에는 부처님만 보이는 법입니다." 이에 두 사람은 손뼉을 치며 파안대소했다고 합니다.

형제자매 여러분, "돼지 눈에는 누구든지 돼지로 보이고 부처님의 눈에는 누구든지 부처님으로 보인다." 사실 태조 이성계는 무학 대사에게 크게 한 방 먹었습니다. 태조 이성계가 무학 대사에게 "스님은 꼭 돼지처럼 생겼다."라고 말했기 때문에 자신은 돼지가 되고 말았습니다.

형제자매 여러분, 그렇습니다. 돼지 눈에는 누구든지 돼지로 보이고 부처님의 눈에는 누구든지 부처로 보이듯이, 오늘 복음에서 예수님의 고향 사람들은 예수님을 목수의 아들로만 보았습니다. "저 사람은 요셉의 아들이 아닌가?"(루카 4, 22), "지가 배웠으면 얼마를 배워, 목수의 아들인 주제에, 의사야, 네 병이나 고쳐라!" 하면서 고향 사람들은 예수님을 받아들이지 않았습니다.

그래서 예수님께서는 "내가 진실로 너희에게 말한다. 어떠한 예언자도 자기 고향에서는 환영을 받지 못한다."(루카 4, 24)라고 말씀하시면서 엘리야 예언자가 3년 6개월 동안 이스라엘 안에 기근이 들었을 때 이스라엘 과부에게 파견되지 않고 오히려 이방인이 사는 시돈 지방 사렙타의 과부에게만 파견되지 않았느냐? 또 엘리사 예언자 시대에 이스라엘에는 나병 환자가 많이 있었는데, 그러나 그들 가운데 아무도 깨끗해지지 않고, 시리아 사람 이방인 나아만만 깨끗해지지 않았느냐? 바로 이 말씀은 다음과 같은 말을 내포하고 있습니다. "이 맹추 같은 이스라엘사람들아, 왜 하느님께서 예언자를 시켜 이스라엘사람들만 쏙 빼고 오히려 이방인에게 축복을 내렸는지 아느냐? 너희들 그 못된 심보를 바꾸어라!" 이런 소리를 듣고 가만히 있을 사람이 어디 있겠습니까? 그들은 화가 잔뜩 나서 들고 일어나 예수님을 고을 밖으로 내몰았습니다. 그 고을은 산 위에 있었는데, 예수님을 벼랑까지 끌고 가 거기에서 떨어뜨리려고 하였다고 합니다. 그러나 예수님께서는 그들 한가운데를 가로질러 떠나가셨다고 합니다. 이렇게 예수님의 고향 사람들은 오히려 예수님께 KO패를 당하고 말았습니다. 예수님의 고향 사람들은 조금 전 예에서 태조 이성계가 무학 대사를 골려 주려고 하다가 오히려 당한 꼴처럼 되었습니다.

형제자매 여러분, 오늘 복음 말씀을 보시면서 무엇을 생각하셨습니까? 회당의 고향 사람들은 "저 사람은 요셉의 아들이 아닌가?" 그들은 선입관을 가지고 예수님을 목수의 아들로만 보았습니다. 그들은 메시아이신 주님을 몰라보고, 돼지 눈에는 누구든지 돼지로만 보이듯이 그들의 선입관은 고향에 오신 예수님을 추방하게 된 것입니다. 그래서 예수님께서 "어떠한 예언자도 자기 고향에서는 환영을 받지 못한다."(루카 4, 24)라고 말씀하십니다. 그러므로 우리도 주님께 나아갈 때 모든 선입관을 버리고 겸손한 마음으로, 모든 마음을 비우고 나아 갈 수 있어야 하겠습니다. 성인의 눈에는 누구든지 성인으로 보이듯이, 좋은 마음을 가지고 나아갈 때 우리에게 주님께서는 풍성한 은혜를 내려 주시고 기적을 행해 주실 것입니다.

형제자매 여러분, 그리고 더 나아가서 남을 판단하지 않도록 해야 하겠습니다. 왜냐하면 "남을 판단하지 마라. 그러면 너희도 판단 받지 않을 것이다. 남을 판단하는 대로 너희도 심판을 받을 것이고, 남을 저울질하는 대로 너희도 저울질당할 것이기"(마태 7, 1-2) 때문입니다. 그러므로 우리는 "악인의 눈에는 누구든지 악인으로 보이고, 선인의 눈에는 누구든지 선인으로 보이는 법이다."라는 이 말씀을 명심하면서 살아야 하겠습니다.

> "어떠한 예언자도 자기 고향에서는 환영을 받지 못한다."(루카 4, 24) 아멘!

겸손한 삶의 기쁨

형제자매 여러분, 오늘은 배순덕(안젤라) 자매님의 글을 먼저 소개해 드립니다. 제목은 〈겸손한 삶의 기쁨〉입니다.

서울 외환은행 방배동 지점 입출금 계에 근무하고 있었는데, 지금으로부터 6년 전의 일입니다. "연말 결산을 하는데 1백만 원이 펑크 난 거예요. 돈을 메꿔 넣는 것도 힘든 일이었지만 은행에 면목이 없어 견딜 수가 있어야죠." 그래서 괴로운 마음에 성당을 찾았습니다. "하느님! 이 돈만 찾게 해 주신다면 앞으로 한 달 동안 성당 변소 청소를 하겠습니다. 제발 찾게 해 주십시오!"라고 간절하게 기도했습니다. 그 기도 덕분이었는지 며칠 후 1백만 원은 후배의 계산 착오였음이 밝혀졌습니다. 그때부터 저는 주님께 한 약속 때문에 매주일 성당 화장실 청소를 시작했습니다. 한 달만 하겠다던 약속이 벌써 6년째입니다. "낮 12시 미사가 끝나면 대걸레와 플라스틱 물통을 들고 화장실을 찾는 것이 주일의 중요한 일과 중 하나가 돼 버렸습니다. 휴지통을 치우고 물통으로 물을 퍼붓고 솔로 문지르고 깨끗이 바닥을 대걸레로 닦아 내다 보면 저도 모르게 입가에 미소가 떠오르지요." 이때가 저에게 있어서 특별한 행복의 순간입니다. 처음 청소를 시작할 때 등에 들추어 업었던 첫딸 다영이도 이젠 '자기가 대걸레를 밀겠다'고 소리 지르며 달려드는 여섯 살짜리 꼬마로 자랐습니다.

처음엔 의아한 눈초리로 쳐다보는 사람도 있었습니다. 무슨 큰 잘못을 해서 이렇게 주일마다 화장실 청소를 하냐며 조용히 물어오는 사람도 있었습니다. 하지만 저는 아랑곳하지 않았습니다. "은행 출근하랴, 집안 살림하랴, 딸 둘 키우랴. 바쁘게 살다 보면 문득 저만을 위해 허겁지겁 사는 것이 아닌가 하는 반성이 들 때가 많지요. 사소하지만 화장실 청소는 다른 사람을 위해 뭔가 도움 되는 일을 한다는 기쁨을 줍니다." 그리고 무엇보다 화장실 청소는 저에게 항상 겸손하게 살라는 세상 살기의 철학을 깨우쳐 줍니다.

형제자매 여러분, 이글을 듣고 여러분들은 무엇을 느끼셨습니까? 이렇게 겸손하게 사시는 분들이 대단히 많습니다. 우리 본당에도 매주 묵묵히 화장실 청소하는 구역 반원이나 레지오 단원들이 있습니다. 정말 이런 분들에게 "고.감.사." 말씀을 드리고 싶습니다. "고.감.사."가 무슨 뜻인가 알고 계시지요. 고.감.사.란, "고맙습니다! 감사합니다! 사랑합니다!"라는 말의 준말입니다.

형제자매 여러분, 오늘 1~2 독서에서 등장하는 인물은 각각 누구이지요? 그리고 오늘 복음에 등장하는 중심인물은 누구입니까? 그렇다면 이 세 사람의 공통점은 과연 무엇이겠습니까? 제1 독서에서 이사야는 "나는 입술이 더러운 사람"(이사 6, 5)이라고 고백합니다. 역시 제2 독서에서 바오로 사도도 "사실 나는 사도들 가운데 가장 보잘것없는 자로서, 사도라고 불릴 자격조차 없는 몸입니다. 하느님의 교회를 박해하였기 때문입니다."(1고린 15, 9)라고 고백합니다. 또한, 베드로도 "주님, 저에게서 떠나 주십시오. 저는 죄 많은 사람입니다."(루카 5, 8)라고 고백합니다. 이렇게 세 사람 모두 "더럽고, 자격도 없고, 죄인임"을 겸손한 마음으로 고백합니다.

　이사야 예언자는 성전에서 주님의 예언자로 부르심을 받습니다. "큰일 났다. 나는 이제 망했다. 나는 입술이 더러운 사람이다." 그러자 천사 한 분이 부집게로 제단에서 타는 숯을 하나 집어, 내게 날아와 그것을 내 입에 대고 말했다. "자, 이것이 너의 입술에 닿았으니, 너의 죄는 없어지고 너의 죄악은 사라졌다." 그래서 주님께서 "내가 누구를 보낼까? 누가 우리를 위하여 가리오?" 하자 "제가 있지 않습니까? 저를 보내십시오." 이렇게 해서 입술이 더러운 이사야는 깨끗하게 되어 주님의 부르심에 응답했습니다.
　역시 바오로 사도도 그렇습니다. 사도라 불릴 자격조차 없다고, 교회를 박해한 사람이기 때문에, 그러나 하느님의 은총으로 사도가 되었음을 고백합니다. 또한, 복음의 베드로도 죄인임을 고백합니다. 형제자매 여러분, 낚시해 보셨지요? 저도 옛날에 낚시를 대단히 좋아했습니다만 무엇보다도 낚시 가기 위해서 준비할 때가 좋습니다. 오늘은 큰 고기나 많은 고기를 잡으리라는 희망 때문에 설레고 기쁩니다. 누구든지 낚시하러 갈 때 대어나 많은 고기를 낚으리라는 희망을 안고 갑니다. 그런데 빈 망태기 들고 올 때 얼마나 허망하겠습니까? 이와 마찬가지로 밤새도록 그물을 던졌지만 한 마리도 잡지 못한 그 심정 헤아리고도 남을 것입니다. 거물을 씻을 때 정말 허탈한 가운데 얼마나 피로에 지쳤겠습니까? 그런데 주님께서 시몬에게 "깊은 데로 가서 그물을 쳐 고기를 잡아라!"라고 하셨습니다. "스승님 저희가 밤새도록 애썼지만 한 마리도 잡지 못하였습니다. 그러나 스승님의 말씀대로 제가 그물을 내리겠습니다."(루카 5, 5) 갈릴레아 호수에서 잔뼈가 굵은 사람, 어부 고수에게 초짜 예수님이 말씀하십니다. 거물은 이미 다 걷어 씻어 챙겼는데, 해 봐야 오늘은 허탕 칠 것이 뻔한데, 그러나 순명했습니다.

형제자매 여러분, 이것이 바로 신앙인의 자세, 믿는 사람의 자세입니다. 베드로는 자기 자신을 포기하고 겸손한 마음으로 응답했습니다. 그러므로 그물이 찢어질 만큼 두 배에 가득, 하느님의 능력을 체험하게 됩니다. "주님, 저에게서 떠나 주십시오. 저는 죄 많은 사람입니다."(루카 5, 8), "두려워하지 마라. 이제부터 너는 사람을 낚을 것이다."(루카 5, 10) 그래서 그들은 배를 뭍에 대어 둔 다음, 모든 것을 버리고 예수님을 따랐습니다. 베드로는 감동을 먹었습니다.

형제자매 여러분, 화장실 청소가 남에게 뭔가 도움을 주기 때문에 자신에게 기쁨을 선물하듯 겸손한 삶은 기쁨뿐만 아니라 주님의 은총의 통로이기 때문에 축복이 될 것입니다. 그러므로 우리도 이사야 예언자, 바오로, 베드로 사도처럼 부족함을 인정하면서 겸손하게 주님께 모든 것을 맡기고 순종하는 삶을 살아야 하겠습니다. 무엇보다도 인간적인 계산을 버리고 "주님, 제가 있지 않습니까?"하고 기꺼이 응답할 때 주님께서 만선의 기쁨과 축복을 주실 것입니다.

"스승님 저희가 밤새도록 애썼지만 한 마리도 잡지 못하였습니다. 그러나 스승님의 말씀대로 제가 그물을 내리겠습니다."(루카 5, 5) 아멘!

사흘만 볼 수 있다면

(Three days to see)

형제자매 여러분, 《사흘만 볼 수 있다면(Three days to see)》 이 글은 누가 쓴 수필이지요? 《사흘만 볼 수 있다면》 이 글은 헬렌 애덤스 켈러(Helen Adams Keller, 1880.6.27.~1968.6.1.)가 쓴 수필입니다. 그녀는 시각, 청각 중복 장애인으로서 최초의 인문계 학사 출신입니다. 그녀는 미국의 작가, 교육자이자 사회주의 운동가입니다. 헬렌 켈러는 앤 설리번 선생과 자신의 노력으로 언어적 장애를 극복한 유년 시절을 다룬 영화, 〈미라클 워커〉로 인해 전 세계적으로 널리 알려지게 되었습니다.

헬렌 켈러가 어느 날 숲속을 다녀온 친구에게 물었습니다. 무엇을 보았느냐고. 그 친구는 별로 특별한 것이 없었다고 말했습니다. 헬렌 켈러는 이해할 수 없었습니다. 두 눈 뜨고도, 두 귀 열고도 별로 특별히 본 것도 들은 것도 없고, 할 말조차 없다니…. 그래서 비록 보지도, 듣지도, 말하지도 못했던 헬렌 켈러였지만, 그녀는 스스로 만약 자신이 단 사흘만이라도 볼 수 있다면, 어떤 것을 보고 느낄 것인지 미리 계획을 세웠습니다. 그리고 이것을 《내가 사흘 동안 볼 수 있다면(Three days to see)》

이란 제목으로, 1933년 《애틀랜틱 먼스리》 1월 호에 발표했습니다. 헬렌 켈러의 글은, 당시 경제 대공황의 후유증에 시달리던 미국인들에게 적잖이 위로와 감동을 안겨주었습니다. 리더스 다이제스트는 이 글을 '20세기 최고의 수필'로 꼽았습니다.

첫째 날에는 나는 친절과 겸손과 우정으로 내 삶을 가치 있게 해 준 설리번 선생님을 찾아가, 이제껏 손끝으로 만져서만 알던 그녀의 얼굴을 몇 시간이고 물끄러미 바라보면서, 그 모습을 내 마음속에 깊이 간직해 두겠다. 그리고 밖으로 나가 바람에 나풀거리는 아름다운 나뭇잎과 들꽃들, 그리고 석양에 빛나는 노을을 보고 싶다.

둘째 날에는 먼동이 트며 밤이 낮으로 바뀌는 웅장한 기적을 보고 나서, 서둘러 메트로폴리탄에 있는 박물관을 찾아가, 온종일 인간이 진화해 온 궤적을 눈으로 확인해 볼 것이다. 그리고 저녁에는 보석 같은 밤하늘의 별들을 바라보면서 하루를 마무리하겠다.

마지막 셋째 날에는 사람들이 일하며 살아가는 모습을 보기 위해 아침 일찍 큰길에 나가, 출근하는 사람들의 얼굴 표정을 볼 것이다. 그러고 나서, 오페라하우스와 영화관에 가 공연들을 보고 싶다. 그리고 어느덧 저녁이 되면, 네온사인이 반짝거리는 쇼윈도에 진열돼 있는 아름다운 물건들을 보면서 집으로 돌아와, 나를 이 사흘 동안만이라도 볼 수 있게 해 주신 주님께 감사 기도를 드리고, 다시 영원히 암흑의 세계로 돌아가겠다.

형제자매 여러분, 헬렌 켈러가 그토록 보고자 소망했던 일들을, 우리는 날마다 일상 속에서 어떠한 대가도 치르지 않고 보고 경험합니다. 하지만, 그것이 얼마나 놀라운 기적인지 모릅니다. 아니 누구나 경험하고 사는 것처럼 잊어버리고 삽니다. 그래서 헬렌 켈러는 이렇게 말했습니다.

"내일이면 귀가 안 들릴 사람처럼 새들의 지저귐을 들어 보아라. 내일이면 냄새를 맡을 수 없는 사람처럼 꽃향기를 맡아 보아라. 내일이면 더 이상 볼 수 없는 사람처럼 세상을 보아라."

유럽을 제패한 황제 나폴레옹은 죽을 때 "내 생애에서 행복한 날은 6일 밖에 없었다."라고 고백했습니다. 그러나 눈이 멀어 볼 수 없었고 귀가 먹어 들을 수 없었던 헬렌 켈러는 "내 생애 행복하지 않은 날은 단 하루도 없었다."라고 말했습니다. 보통 사람들의 상식으로는 나폴레옹이 더 행복했을 것으로 생각되지만 행복의 척도는 생각하고 느끼는 관점에 따라 달라짐을 느끼게 하는 소중한 말입니다.

그러므로 오늘 복음에서 예수님께서는 "행복하여라. 마음이 가난한 사람들! 하느님 나라가 그들의 것이다."(루카 6, 20)라고 말씀하십니다. 가난하기 때문에 하느님께 의지하면서 진정 감사할 수 있었습니다. 만약 부자였다면, 재물과 재산을 떠나서 하느님께 귀의하면서 모든 것을 맡기고 진정 감사할 수 있었겠습니까? 그런 의미에서 "불행하여라. 너희 부유한 사람들! 너희는 이미 위로를 받았다."(루카 6, 24)라고 말씀하십니다. 그러므로 우리는 "언제나 기뻐하십시오. 끊임없이 기도하십시오.

모든 일에 감사하십시오."(1테살 5, 16-17)라는 성경 말씀을 생각하면서 매사에 감사하게 살아야 하겠습니다. 아침에 눈 떴다는 사실에 감사하고, 편안하게 숨 쉴 수 있음에 감사하고, 내가 원하는 곳으로 걸어갈 수 있음에 감사해야 할 것입니다. 아직도 남과 나눌 것이 남아 있음에 감사하고, 어딘가 마음 기댈 곳이 있음에 감사하고, 나를 아껴 주는 소중한 가족이 있음에 감사해야 할 것입니다. 따뜻한 마음을 나눌 친구가 있음에 감사하며, 고마운 사람, 좋은 사람에게 안부를 전할 수 있음에 감사해야 할 것입니다. 나를 아는 모든 사람에게 따뜻한 손을 내밀 수 있음에 더욱 감사해야 할 것입니다. 결코, '나 혼자만 불행하다'고 생각하지 말아야 합니다. 왜냐하면, 나보다 더 힘들고 어려운 사람들이 내 주변에 얼마든지 있습니다. 그렇다면 분명히 나는 그 사람들보다 훨씬 더 행복한 사람입니다. 형제자매 여러분, 그렇지 않습니까?

  형제자매 여러분, 다음 소개하는 언더우드의 〈나는 행복한 사람〉이란 기도 시를 들으면 왜 내가 행복한 사람인지 깨닫게 될 것입니다.

걸을 수만 있다면 더 큰 복은 바라지 않겠습니다
누군가는 지금 그렇게 기도를 합니다
설 수만 있다면 더 큰 복은 바라지 않겠습니다
누군가는 지금 그렇게 기도를 합니다
들을 수만 있다면 더 큰 복은 바라지 않겠습니다

누군가는 지금 그렇게 기도를 합니다
말할 수만 있다면 더 큰 복은 바라지 않겠습니다
누군가는 지금 그렇게 기도를 합니다
볼 수만 있다면 더 큰 복은 바라지 않겠습니다
누군가는 지금 그렇게 기도를 합니다

놀랍게도 누군가의 간절한 소원을
나는 다 이루고 살았습니다
놀랍게도 누군가가 간절히 기다리는 기적이
내게는 날마다 일어나고 있었습니다
부자는 되지 못해도 빼어난 외모는 아니어도
지혜롭지는 못해도 내 삶에 날마다 감사하겠습니다

날마다 누군가의 소원을 이루고
날마다 기적이 일어나는 나의 하루를
나의 삶을 사랑하겠습니다
사랑합니다!! 내 삶, 내 인생, 나

어떻게 해야 행복해지는지 고민하지 않겠습니다
내가 얼마나 행복한 사람인지 날마다 깨닫겠습니다
나의 하루는 기적입니다, 나는 행복한 사람입니다
나는 행복한 사람입니다!!

형제자매 여러분, 그렇습니다. 우리 모두 행복한 사람입니다. 나는 행복한 사람입니다. 마음이 가난해서 하느님께 감사하면서 모든 것을 맡기고 살기 때문입니다.

> "행복하여라. 마음이 가난한 사람들! 하느님 나라가 그들의 것이다."(루카 6, 20) 아멘!

원수를 사랑하여라

형제자매 여러분, 부부 사이가 아주 좋지 않았던 가정이 있었습니다. 그런데 어느 날 아내가 성당을 다녀오더니 너무나 남편을 열심히 뒷바라지를 해 주면서 잘해 주더라는 것입니다. 남편은 너무나 오랜만에 행복감을 느꼈습니다. 그리고 궁금해졌습니다. 주일 이후부터 아내의 태도가 달라졌기 때문에 신부님의 강론에 감동을 받았다는 것을 직감했습니다. 그래서 다음 날 남편은 과일바구니를 사 들고 신부님을 찾아갔습니다.

"신부님! 감사합니다. 덕분에 제가 행복하게 되었습니다. 아내가 신부님의 강론 말씀을 듣고 감동하여 저한테 무척 잘해 줍니다. 신부님, 지난 주일 강론 내용이 도대체 무엇이었습니까? 남편을 제 몸같이 사랑하라고 했습니까?" 그러자 신부님은 아주 난감해하면서 대답했습니다. 형제자매 여러분, 뭐라고 대답했을까요? "원수를 사랑하여라!"

"원수를 사랑하여라." 형제자매 여러분, 이 말씀은 곧 오늘 복음의 주제입니다. 예수님께서는 "너희는 원수를 사랑하여라. 너희를 미워하는 자들에게 잘해 주고, 너희를 저주하는 자들에게 축복하며, 너희를 학대하는 자들을 위하여 기도하여라."(루카 6, 27-29)라고 말씀하십니다. 말은 쉽지만 어떻게 원수를 사랑하고 축복하며 그들을 위해 기도할 수 있겠습니까? 성인이 아닌 이상 참으로 어려운 말씀입니다. 그런데 다음 이야기를 들으면 우리도 그렇게 할 수 있을 것 같습니다.

여러분들은 그 유명한 에이브러햄 링컨 대통령을 아실 것입니다. 미국의 16대 대통령입니다. 에이브러햄 링컨 대통령은 미국 노예해방을 선포하고 남북전쟁을 승리로 이끌어 통일된 미국을 건설했습니다. 그리고 민주주의 정부의 핵심을 규정하는 "국민의, 국민에 의한, 국민을 위한 정부" 게티즈버그(Gettysburg)의 연설로 유명합니다.

링컨이 변호사를 하고 있을 때 링컨에게는 에드윈 스탠턴이라는 정적이 있었습니다. 스탠턴은 당시 가장 유명한 변호사였는데 한번은 두 사람이 함께 사건을 맡게 된 적이 있었습니다. 이 사실을 모르고 법정에 앉아 있던 스탠턴은 링컨을 보자마자 자리에서 벌떡 일어나 "저따위 시골뜨기와 어떻게 같이 일을 하라는 겁니까?"라고 말하면서 법정을 나가 버렸습니다. 이렇게 링컨을 얕잡아 보고 무례하게 행동한 적이 한두 번이 아니었습니다.

세월이 흘러, 대통령이 된 링컨은 내각을 구성하면서 가장 중요한 국방부 장관 자리에 바로 스탠턴을 임명했습니다. 참모들은 이런 링컨의 결정에 놀랐습니다. 왜냐하면, 링컨이 대통령에 당선되자 스탠턴은 "링컨이 대통령이 된 것은 국가적 재난"이라고 공격했기 때문입니다. 모든 참모가 재고를 건의하자 링컨은 "나를 수백 번 무시한들 어떻습니까? 그는 사명감이 투철한 사람으로 국방부 장관을 하기에 충분하다."라고 대답했습니다. "그래도 스탠턴은 당신의 원수가 아닙니까? 원수를 없애 버려야지요!" 참모들의 말에 링컨 대통령은 빙그레 웃으며 말했습니다. "저도 그렇게 생각합니다. 원수는 마음속에서 없애버려야지요! 그러나 그것은 '원수를 사랑으로 녹여 친구로 만들라'는 말입니다. 예수님도 '원수를 사랑하라'라고 하셨습니다." 링컨 대통령이 암살자의 총에 맞아 숨을 거두었을 때 스탠턴은 링컨을 부둥켜안고 통곡하며 이렇게 말했다고 합니다. "여기, 가장 위대한 사람이 누워 있습니다."

형제자매 여러분, 결국 링컨 대통령은 자기를 미워했던 원수까지도 용서하고 사랑한 진정한 승리자였습니다. 이렇게 링컨 대통령은 "너희는 원수를 사랑하여라. 너희를 미워하는 자들에게 잘해 주고, 너희를 저주하는 자들에게 축복하며, 너희를 학대하는 자들을 위하여 기도하여라."(루카 6, 27-29)라는 말씀을 그대로 실천한 분이십니다. "너희가 자기를 사랑하는 이들만 사랑한다면 무슨 인정을 받겠느냐? 죄인들도 자기를 사랑하는 이들은 사랑한다. 너희가 자기에게 잘해 주는 이들에게만 잘해 준다면 무슨 인정을 받겠느냐? 죄인들도 그것은 한다."(루카 6, 32-33)

형제자매 여러분, 그렇습니다. 말로는 쉬워도 참으로 실천한다는 것은 대단히 어렵습니다. 그러기에 링컨 대통령처럼 최선을 다해서 원수까지도 사랑할 수 있도록 노력해야 하겠습니다. 크리스천은 완성된 사람이 아니라 되어 가는 사람입니다. 죽을 때까지 완성을 향하여 "남이 너희에게 해 주기를 바라는 그대로 너희도 남에게 해 주어라."(루카 6, 31)라는 말씀대로 먼저 자비로운 사람이 되도록 노력해야 하겠습니다.(루카 6, 36) 결론적으로 오늘 복음 환호 송처럼 "서로 사랑하여라. 내가 너희를 사랑한 것처럼 너희도 서로 사랑하여라."라는 말씀대로 사랑의 삶을 살아야 하겠습니다. 조건 없이 모든 것을, 다 내주신 예수님의 십자가 사랑을 본받아야 하겠습니다.

> "너희는 원수를 사랑하여라. 너희를 미워하는 자들에게 잘해 주고, 너희를 저주하는 자들에게 축복하며, 너희를 학대하는 자들을 위하여 기도하여라."(루카 6, 27-29) 아멘!

뒷담화만 하지 않아도
성인이 됩니다

형제자매 여러분, 여러분들은 성인이 되고 싶습니까? 오늘은 성인이 되는 방법을 여러분들에게 알려 드리겠습니다. 그 방법은 아주 쉽고 간단합니다. 가르쳐 드릴까요? 맨입에 되겠습니까?

형제자매 여러분, 혹시 "뒷담화만 하지 않아도 성인이 됩니다."라는 말을 들어 보신 적이 있으십니까? 《뒷담화만 하지 않아도 성인이 됩니다》라는 이 말은 현 프란치스코 교황님께서 교황 좌에 착좌한 직후부터 2014년 6월까지 사람들에게 전한 따뜻한 위로와 가장 최근의 가르침까지 모은 책 이름입니다. 연인들에게, 가족들에게, 가난 때문에 고통받는 일상의 우리에게 전하는 이야기를 어렵지 않고 쉽게 이해할 수 있도록 했습니다. 이 책의 번역자인 진슬기 신부님이 로마 유학 중 가까이에서 본 교황님의 마음, 어감, 말투까지 살렸고, 이야기의 배경이 되는 상황을 친절히 설명하면서 자신의 묵상도 함께 곁들인 책입니다. 이 책의 내용 중 뒷담화 부분만 본다면 다음과 같습니다.

뒷담화, 험담이라는 것을 함께 생각해 봅시다. 험담은 사람을 해칠 수 있습니다. 험담은 사람들의 명성을 헐뜯으니까요. 그래서 험담은 매우 고약한 것입니다. 물론 처음에는 빨아 먹는 캐러멜처럼 좋거나 재밌어 보일 수 있습니다. 하지만 결국에는 우리를 불쾌하게 하고, 우리 역시도 망치고 말지요! 제가 확신을 갖고 여러분에게 진실을 말씀드리지요! 만약 우리 모두 험담을 하고자 하는 욕구를 다스릴 수만 있다면, 종국에 가서는 모두 성인이 될 것입니다! 정말 좋은 방법 아닌가요?

형제자매 여러분, 그렇습니다. 우리는 남의 말 하는 것을 무척 즐깁니다. 그러기에 오늘 복음에서 예수님께서는 "너는 어찌하여 형제의 눈 속에 있는 티는 보면서, 네 눈 속에 있는 들보는 깨닫지 못하느냐?"(루카 6, 41)라고 일침을 주십니다.

형제자매 여러분, 들보가 무엇이지요? 대들보라는 말 들어보셨지요? 집 지을 때 기둥과 기둥을 가로질러 받쳐 주는 큰 가름대를 말합니다. 이렇게 들보는 집을 짓는 데 있어서 크고 중요한 역할을 합니다. 형제자매 여러분, "너는 어찌하여 형제의 눈 속에 있는 티는 보면서, 네 눈 속에 있는 들보는 깨닫지 못하느냐?"라는 성경 말씀을 우리 속담으로 말하면 어떤 것이 있을까요? "똥 묻은 개가 겨 묻은 개 나무란다." 이것을 사자성어로 말하면, "이단공단(以短攻短)"입니다. 곧, 자기의 결점을 생각하지 않고 남의 잘못을 비난함을 말합니다. 그래서 예수님께서는 "좋은 나무는 나쁜 열매를 맺지 않는다. 또 나쁜 나무는 좋은 열매를 맺지 않는다. 나무는 모두 그 열매를 보면 안다."(루카 6, 43-44)라고 하십니다. 역시 오늘 첫 번째 독서에서도 "나무의 열매가 재배 과정을 드러내듯이 사람의 말은 마음속 생각을 드러낸다."(집회 27, 6)라고 하십니다. 더 나아가서 예수님께서는 "선한 사람은 마음의 선한 곳간에서 선한 것을 내놓고, 악한 자는 악한 곳간에서 악한 것을 내놓는다. 마음에서 넘치는 것을 입으로 말하는 법이다."(루카 6, 45)라고 말씀하십니다. 그러므로 우리는 말을 하는 데 있어서 신중을 기해야 하고 남의 말, 뒷담화를 하지 않도록 노력해야 하겠습니다.

　형제자매 여러분, 타인을 흉보고 그의 등 뒤에서 악담하기를 좋아하는 수다쟁이 한 여자가 고해신부님으로부터 다음과 같은 기이한 보속을 받았습니다. "집에 가서 암탉 한 마리를 사서 직접 털을 뽑고 잡아서 고기는 가족끼리 맛있게 장만해 잡수시고 뽑은 닭 털은 모두 다 비닐봉지에 잘 싸서 내게 갖고 오라."라는 보속입니다. 참 신부님도 희한하시네. 덕분에 닭은 잘 먹겠지만 이렇게 자매님은 궁시렁거리면서 그대로 실행하고 닭 털 봉지를 싸서 가지고 왔습니다. 그러니까 이제 신부님께서 그 닭 털을 뒷동산에 올라가서 다 뿌리고 오라고 했습니다. 이렇게 그 자매님은 그 기이한 보속을 이행한 뒤에 다시 신부님께 돌아왔습니다. 그래서 고해 신부님은 그 자매님에게 이렇게 다시 명했습니다. "자, 그럼 이제 그 닭 털을 다시 주워 담아 오세요." 이 말을 들은 자매님은 어안이 벙벙하여 신부님께 대꾸하였습니다. "아니, 신부님! 그것을 어찌 주워 담을 수 있습니까? 말도 안 됩니다. 닭 털은 이미 바람에 흩어져 날아갔을 텐데요!" 이 자매님의 말을 들은 신부님은 이렇게 지적했습니다. "자매님, 바로 다른 사람에 대한 자매님의 악담이나 말이 그렇습니다. 내뱉은 악담이나 뒷담화는 절대로 다시 주워 담을 수 없으니까요."

형제자매 여러분, 우리 본당엔 이런 사람 없겠지요? 만약 있다면 저도 같은 보속 줘야겠지요? 이렇게 발 없는 말은 천 리를 가기 때문에 결코 주워 담을 수가 없습니다. 그리고 말이란 것은 상대방에게 이만큼 가슴에 못을 박을 수도 있다는 것을 명심해야 하겠습니다.

형제자매 여러분, 이 세상에서 제일 힘센 것이 무엇이겠습니까? 이 세상에서 가장 힘이 센 것은 말입니다. 《이 세상에서 가장 힘이 센 것은 말》이라는 글에서 보듯이 왜냐하면 말은 "나는 바닷가 모래 위에 글씨를 쓰듯 말하지만 듣는 사람은 쇠 철판에 글씨를 새기듯 들을 때가 있다. 역사가 시작된 이래, 칼이나 총에 맞아 죽은 사람보다 혀끝에 맞아 죽은 사람이 더 많다. 나는 지나가는 말로 아무 생각 없이 말을 하지만, 그 말을 들은 사람은 두고두고 잊지 못할 때가 있다. "들은 귀는 천년이요, 말한 입은 사흘이다."가 바로 그 뜻이다."

형제자매 여러분, 그렇습니다. 그러기에 예수님께서 마태오복음12:36-37의 말씀으로 결론을 내립니다. "내가 너희에게 말한다. 사람들은 자기가 지껄인 쓸데없는 말을 심판 날에 해명해야 할 것이다. 네가 한 말에 따라 너는 의롭다고 선고받기도 하고, 네가 한 말에 따라 너는 단죄받기도 할 것이다."(마태 12, 36-37)

그러므로 형제자매 여러분, 프란치스코 교황님의 말씀을 생각하면서 모두 다 성인이 됩시다! 그 방법은 아주 간단합니다.

"뒷담화만 하지 않아도 성인이 됩니다!" 아멘!

사순 시기

악마의 현대판 유혹

우리는 지난 재의 수요일을 통해 사순절 시작했습니다. 머리에 재를 받았습니까? "사람아, 너는 먼지이니 먼지로 돌아갈 것을 생각하여라." "회개하고 복음을 믿어라." 하면서 머리에 재를 받았습니다. 이렇게 사람은 아무것도 아닙니다. 한 줌의 재, 흙으로 돌아갈 존재입니다. 그러나 인간은 천년만년 살 것 같이 이 세상을 아옹다옹하며 살아갑니다.

예수님께서는 광야에서 40일간 단식하신 다음 악마의 유혹을 받으셨습니다. 첫 번째 유혹은 "당신이 하느님의 아들이라면, 이 돌더러 빵이 되라고 해 보시오." 예수님께서 뭐라고 말씀하시면서 유혹을 물리치셨습니까? "사람이 빵만으로 살지 않는다." 그래서 두 번째로 악마는 예수님을 높은 산으로 데리고 가서 이 세상 부귀영화를 보여주며 "내 앞에 절을 하면 모든 것을 주겠다."라고 유혹했습니다. 예수님께서는 뭐라고 하시며 악마를 물리치셨습니까? "주 너의 하느님께 경배하고, 그분만을 섬겨라." 그래도 안 되니까 이번에는 예수님을 예루살렘 성전 꼭대기로 데리고 가서 "당신이 하느님의 아들이거든 여기서 뛰어내려 보시오." 예수님께서 뭐라고 하시면서 악마를 물리치셨나요? "주 너의 하느님을 시험하지 마라." 아무리 유혹해도 까딱도 하지 않으시니까 악마는 떠나갔다고 합니다. 예수님께서 당하신 유혹은 빵의 유혹, 재물에 대한 유혹입니다. 그리고 부귀영화에 대한 유혹, 권세, 명예에 대한 유혹입니다. 마지막으로 하느님을 시험해 보고자 하는 유혹입니다. 이 3가지는 보통 신앙인이 당하게 되는 유혹입니다.

형제자매 여러분, 요즘은 악마들이 사람들을 어떻게 유혹하는지 알고 계십니까? 예수님이 당하신 유혹은 이제 신자들이 다 아니까 다른 방법을 쓴답니다. 그 방법이 무엇인지 알고 계십니까? 그것은 다름이 아니라, "현대판 악마의 유혹"입니다. 악마들은 혹시 신자들이 알까 봐 쉬쉬한답니다. 오늘은 특별히 풍기성당 신자 여러분들에게만 알려 드리겠습니다. "현대판 악마의 유혹"은 4가지인데, 그 첫째는 "누구나 다 하는 일이니까?"라고 말하면서 악마는 사람들을 유혹한답니다. 앞집의 철수 아버지도 뒷집의 영희 아버지도 다 하는데, 눈 딱 감고 뇌물이나 받고 무마해 달라는 것입니다. 누구나 다 한다고 뇌물을 받고 부정을 저질러도 되겠습니까? 누구나 다 한다고 도둑질해도 되겠습니까? 그리고 두 번째는 "대수롭지 않은 일이니까, 이 정도는 괜찮아." 하면서 악마는 사람들을 유혹한다는 것입니다. "대충해도 괜찮아, 빨리빨리 해치워." 그렇게 하다가 옛날 성수대교처럼 아니면 삼풍백화점처럼 폭삭 가라앉고 말 것입니다. 올해 연초에 있었던 광주 아파트 신축 공사장 사고가 여실히 증명해 주고 있습니다. 그리고 세 번째로 현대판 악마의 유혹은 "아직 넌 젊으니까 괜찮아. 서두를 필요도 없어. 실컷 즐기다 나중에 성당 가도 돼." 하면서 유혹한다고 합니다. 결코, 자만하지 말아야 합니다. 땡감도 떨어집니다. 냉담자들은 흔히 나중에 늙으면 그때 성당 나온다고 합니다. "사람아, 넌 먼지이니 먼지로 돌아갈 것을 생각하라."라는 주님의 말씀을 생각하면서 하루빨리 회개해야 할 것입니다.

그리고 마지막 현대판 악마의 유혹은 "이번 딱 한 번뿐이니까."라고 말하면서 유혹한답니다. 딱 한 번만 봐달라는 것입니다. 딱 한 번 만 눈감아 달라는 것입니다. 딱 술 한 잔만 더 하자는 것입니다. 이 딱 한 잔이 문제입니다. 이번 딱 한 번만 주일날 성당 빠지고 놀러 간다고 했다가 두 번 빠지고 세 번 빠지고 그다음 냉담합니다.

예수야, 딱 한 번만 내게 절해 봐. 모든 것 부귀영화 누릴 수 있도록 다 해 줄게 한번 해 보라니까. 예수야, 배 쫄쫄 굶어 봤자 누가 알아주나? 돌을 빵으로 만들어 봐. 누구나 다 그렇게들 사는데, 좋은 게 좋은 것이 아니냐? 등 따시고 배부른 것이 장땡이지. 예수야, 한번 뛰어내려봐. 정말 하늘의 천사가 도와주는지? 젊을 때 한번 네 능력을 과시해 봐야지 언제 하나? 예수야 고리타분하게 그렇게 왜 살아. 대충대충 살란 말이야. 대수롭지 않은 일인데 왜 그렇게 신경 써?

이렇게 악마는 현대적인 새로운 방법으로 "누구나 다 하는 일인데", "대수롭지 않은 일인데", "대충 대충해", "아직 자넨 청춘이 있잖아, 염려 마.", "딱 한 번이라니까?" 하면서 유혹한답니다.

그러므로 형제자매 여러분, 우리는 예수님처럼, "사탄아 물러가라!"라고 하면서 단호히 거절해야 하겠습니다. 만약 그렇지 않을 때 우리는 다음과 같은 꼴이 되고 말 것입니다.

한 아랍 상인이 추운 겨울 사막에서 천막을 쳐놓고 살을 에는 찬 바람을 피해 편하게 앉아 있었습니다. 밖에는 그의 낙타가 떨고 서 있었습니다. 이 낙타가 내려진 천막 문을 젖히고 고개를 들이밀고서 주인에게 고개만 좀 넣고 있도록 청하였습니다. 주인은 못마땅했지만 이에 동의하였습니다. 그런데 조금 있다가 이 낙타가 한다는 소리가 "주인님, 내 어깨가 몹시 추워요. 제발 제 어깨와 앞발만 좀 들여놓게 해 주세요."라고 청하는 것입니다. 주인은 낙타의 어깨와 앞발을 들여놓도록 또 허락하였습니다. 조금 있다가 이 낙타는 살며시 주인에게 접근하여 처량한 목소리로 자기의 육봉과 몸을 좀 들여놔 달라고 애원하였습니다. 할 수 없이 주인은 이에 동의하였습니다. 이제 낙타는 거의 다 들어와 있었습니다. 조금 있다 이 낙타는 자기 뒷발을 들여놓자고 애걸하였습니다. 마지못해 주인이 이에 동의하여 뒷발을 다 들여놓자 이 조그만 천막 안에 들어선 낙타가 한다는 말이 "주인님, 우리 둘이 여기 있기에는 천막이 너무 좁군요. 주인께서 나가 주시는 게 어떨까요?"라고 말하더랍니다.

형제자매 여러분, 이 이야기는 우리에게 무엇을 말해 주고 있습니까? 무엇보다도 이 이야기는 우리의 생활에 죄가 발을 들여놓지 못하도록 각성하라는 교훈으로 받아들여야 하겠습니다. 우리가 세상을 살아가면서 아무리 작은 유혹이라도 단호히 "안 돼!"라고 물리칠 수 있는 도덕적 용기가 필요합니다.

형제자매 여러분, 악마는 오늘도 유혹합니다. "누구나 다 하는 일이야?", "대수롭지 않은 일이라니까", "아직 넌 젊으니까", "딱 이번 한 번뿐이라니까?"라고 말하면서 끈질기게 접근합니다. 그러므로 우리도 예수님처럼, 단호하게 "사람은 빵만으로 살지 않는다.", "주 너의 하느님께 경배하고 그분만을 섬겨라.", "주 너의 하느님을 시험하지 마라."라고 하면서 모든 유혹을 단호하게 물리쳐야 하겠습니다.

아멘!

이 순간에 베드로가
노래를 불렀다면

예수님께서는 당신의 수난예고를 미리 하셨습니다. "나는 원로들과 대사제들에게 넘어가서 많은 고난을 받고 죽었다가 사흘 만에 다시 살아날 것이다."(마태 16, 21) 이 수난 예고를 듣고 베드로는 펄쩍 뛰었습니다. 어떻게 우리 주님께서… 절대로 안 됩니다. 이 말씀을 듣고 예수님께서 호되게 베드로를 꾸짖으십니다. "사탄아 물러가라. 너는 나에게 걸림돌이다. 너는 하느님의 일은 생각하지 않고 사람의 일만 생각하는구나!"(마태 16, 23) 이어서 예수님께서는 제자 되는 길을 가르쳐 주셨습니다. "누구든지 내 뒤를 따라오려면, 자신을 버리고 제 십자가를 지고 나를 따라야 한다."(마태 16, 24)라고 말입니다. 예수님의 수난 예고와 이 말씀을 듣고 제자들은 크게 실망했습니다. 주님을 따르면, 영광만 있고 나중에 한 자리를 차지할 줄 알았는데, 십자가에 못 박혀 돌아가신다니 이게 웬 말입니까?

그래서 풀이 죽어 있는 제자들에게 위로 차 당신의 변모된 모습을 보여주십니다. "예수님께서 기도하시는데, 그 얼굴 모습이 달라지고 의복은 하얗게 번쩍였다. 하늘에선 모세와 엘리야가 나타나 예수님과 이야기를 나누고 있었다."(루카 9, 28-30 참조) 이러한 휘황찬란하게 변모된 예수님의 모습을 보고 베드로는 예수님께 제안합니다. "스승님, 저희가 여기에서 지내면 좋겠습니다. 저희가 초막 셋을 지어 하나는 스승님께, 하나는 모세께, 또 하나는 엘리야께 드리겠습니다. 베드로는 자기가 무슨 말을 하는지 몰랐다."(루카 33)라고 합니다.

형제자매 여러분, 베드로가 얼마나 얼이 빠지고 감격했으면 자기가 무슨 말을 하는지도 몰랐겠습니까? 또 구름 속에서 "이는 내가 선택한 아들이니 너희는 그의 말을 들어라."(루카 9, 35)라는 소리가 났다고 했습니다. 이런 변모된 예수님의 모습을 보고 한 마디로 베드로는 뿅 갔습니다.

형제자매 여러분, 퀴즈 하나 내겠습니다. 그럼 문제를 드리겠습니다. "예수님께서 특별히 사랑하시는 애제자는 누구, 누구입니까?" 베드로, 야고보, 요한입니다. 이 애제자 셋만 데리고 타볼산에 오르셔서 외따로 기도하고 계셨는데 예수님의 모습이 휘황찬란하게 빛나고 하늘에선 모세와 엘리야가 나타나서 예수님과 함께 말씀을 나누고 계셨는데 이런 모습을 보고 감격해서 스승님, 우리 함께 여기서 삽시다! 초막 셋을 지어 하나는 스승님께, 하나는 모세께, 또 하나는 엘리야께 드리겠습니다. 베드로는 너무나 황홀하고 감격해서 자기가 무슨 말을 하는지도 몰랐다고 했습니다. 자 그러면 베드로가 바로 이 순간에 노래를 불렀다면, 무슨 노래를 불렀겠습니까?

① 울 밑에선 봉선화 ② 주님은 나의 목자
③ 찬미 예수님   ④ 님과 함께

가수 남진 씨가 부른 〈님과 함께〉라는 유행가입니다. 한번 다 함께 노래 불러 볼까요? 가사를 보면 다음과 같습니다.

저 푸른 초원 위에 그림 같은 집을 짓고
사랑하는 우리 님과 한 백 년 살고 싶어.
봄이면 씨앗 뿌려 여름이면 꽃이 피네.
가을이면 풍년 되어 겨울이면 행복하네.
멋쟁이 높은 빌딩 으스대지만
유행 따라 사는 것도 제멋이지만
반딧불 초가집도 님과 함께면
나는 좋아 나는 좋아 님과 함께면
님과 함께 같이 산다면
저 푸른 초원 위에 그림 같은 집을 짓고
사랑하는 우리 님과 한 백 년 살고 싶어.

형제자매 여러분, 이 〈님과 함께〉라는 유행가와 딱 들어맞는 것 같습니다. 비록 초막집이라도 "주님과 함께"라면 좋다. 이 것이 베드로의 마음이고 신앙 고백입니다. 예수님께서는 이 영광스러운 변모를 통하여 제자들에게 기쁨과 희망을 안겨주십니다. 또한, 십자가의 죽음을 통한 부활의 영광스러운 모습을 맛 배기로 보여 주셨습니다. 이 영광에 도달하기 위해서 반드시 거쳐 가야 할 길이 십자가의 길임을 제자들에게 알려 주십니다. 왜냐하면, 십자가 없는 영광은 없기 때문입니다.

형제자매 여러분, 오늘 예수님의 거룩한 변모는 십자가를 통해서 부활의 영광에 참여할 수 있음을 말해 줍니다. 그러므로 우리도 이 사순절을 맞이하여 주님과 함께 십자가를 지고 골고타 언덕을 오르면서 스스로 극기하고 절제하면서 희생과 봉사와 사랑의 삶을 통해서 부활의 영광에 참여할 수 있도록 노력해야 하겠습니다. 또한, 우리 모두 이 사순절 동안 속죄와 회개의 삶을 통해서 변모된 새로운 삶을 살아갈 수 있도록 노력해야 하겠습니다.

더 나아가서 우리 모두 구름 속에서 "이는 내가 선택한 아들이니 너희는 그의 말을 들어라."(루카 9, 35)라는 하느님 아버지의 말씀대로 예수님이 하느님의 아들이심을 믿고 그분의 말씀따라 이웃을 내 몸과 같이 사랑할 수 있도록 노력하는 삶을 살아야 하겠습니다. 모름지기 신앙인이란, 베드로가 고백한 것처럼, "사랑하는 임과 함께라면 초막집이라도 난 좋다."라는 그런 심정으로 살아가시면 좋겠습니다.

> "이는 내가 선택한 아들이니 너희는 그의 말을 들어라."(루카 9, 35) 아멘!

귀향

(鬼鄕, Spirit's Homecoming)

"언니야, 이제 집에 가자.", "언니야, 이제 집에 가자." 형제자매 여러분, 이 말이 어디에 나오는 말인지 알고 계십니까? 영화 〈귀향(鬼鄕, Spirit's Homecoming)〉에 나오는 명대사입니다. 이 귀향은 2016년 2월 24일에 개봉한 대한민국의 드라마 영화입니다. 조정래 감독이 2002년 나눔의 집 봉사활동을 통해 만나게 된 일본군 '위안부' 피해자 강일출 할머니의 실화를 배경으로 하였습니다.

이 영화는 일본군 '위안부' 피해자들의 실화를 바탕으로 만든 우리 민족의 아픈 이야기입니다. 잊지 말아야 할 우리의 아픈 역사를 '증거물'로 남기기 위해 만든 영화입니다. 20여만 명이나 되는 수많은 소녀가 끌려갔는데, 겨우 238명만이 돌아왔습니다. 2019년 3월 22명, 2022년 3월 현재 12명만 살아 계시다고 합니다. "당시 당했던 일이 하도 기가 막히고 끔찍해 평생 가슴속에만 묻어 두고 살아왔지만… 국민 모두 과거를 잊은 채 일본에 매달리는 것을 보니 도저히 참을 수가 없다. 내가 눈을 감기 전에 한을 풀어 달라."라는 일본군

'위안부' 피해자들의 염원에 따라 제작된 영화입니다. 이렇게 영화 <귀향>은 대한민국의 가장 아픈 역사를 일본군 '위안부' 피해자들의 증언을 토대로 만든 영화입니다.

형제자매 여러분, 여러분이 열네 살 때를 한번 생각해 보십시오. 열네 살, 초등학교를 졸업하고 중학교에 갓 입학해 새로운 친구들을 만나 즐겁게 뛰놀던 수줍은 소년, 소녀였을 것입니다. 철없이 천방지축이기도 하지만 더없이 예민하기도 했던 사춘기를 막 접어 들은 꿈 많은 시절이었을 것입니다. 그런 소녀들이 강제로 끌려가 봉변을 당하게 됩니다. 그들이 심리적으로나 육체적으로 병이 안 들 수 있겠습니까? 이 영화는 2002년 위안부 할머니들의 심리 치료를 진행한 나눔의 집에서, 한 할머니께서 그리신 그림 〈태워지는 처녀들〉을 본 조정래 감독의 14년간의 노력 끝에 탄생했습니다. 〈태워지는 처녀들〉이란, 일본군들이 소녀들을 농락하고 후퇴하면서 그 진상들을 묻기 위해서 잔인하게 불구덩이에 산 채로 밀어 넣어 태워 죽이는 장면을 담은 그림입니다. 안 들어가면 뒤에서 총으로 쏘아 죽이는 참혹한 장면입니다. 그 순간에 독립군들의 도움으로 극적으로 탈출해 생명을 건졌습니다.

〈태워지는 처녀들〉 참으로 끔찍합니다! 이 영화를 만들려고 할 때 수많은 외압이 있었습니다. 선뜻 투자에 나서는 자본가들도 없었습니다. 그래서 개인들이 힘을 모았습니다. 심지어 어

린이까지 저금통을 털어 보탰다고 합니다. 그래서 75, 270명
이 힘을 모아 영화 제작비 12억 원을 마련했다고 합니다. 역사
에 남을 기록입니다. 또 영화에 출연한 배우 중 탄탄한 연기력
을 가진 중견 배우들은 기꺼이 자신의 재능을 기부했습니다. 돈
한 푼 받지 않고 말입니다. 그렇게 한 사람 한 사람의 진심이 모
여 영화 〈귀향〉이 탄생했습니다. 우리나라 사람이라면 모두 어
렴풋이 알고 있을 '일본 위안부 피해자들'의 이야기를 이 영화
를 통해서 생생하고 사실적으로 그려낸 영상을 직접 볼 수 있습
니다. 아마 여러분이 느끼실 충격은 눈물조차도 나오지 않는 그
런 황망함일 것입니다. 감옥보다도 못한, 짐승의 우리보다도 더
러운 곳에서 가장 순수해야 할 소녀들은 그저 쓰고 버리는 물건
만도 못한 취급을 받았기 때문입니다. 바로 그 소녀들이 여러분
들의 딸들이고 대한의 딸들이기 때문입니다. 일본 군인들은 짐
승조차도 하지 않는 일을 했습니다. 바로 천벌 받을 놈들입니
다. 위안소를 세운 그들은 자기 딸과 같은 아이들을 이용했습니
다. 인간이 어떻게 그럴 수 있겠습니까. 인간의 탈을 쓴 악마일
것입니다.

　전쟁이 끝나고 시간이 흐른 뒤 사람들의 시선 또한 곱지 않았
을 것입니다. 영화 내용 중에, 일본군 위안부 피해자 조사를 위
해 전국 공공기관에 접수대를 마련했습니다. 그러나 그 접수대
에 누가 자진해서 신고하러 오겠냐고 정책을 비웃는 공무원의
말처럼, 제삼자가 되어 버린 사람들은 그들의 아픔을 결코, 평
생, 어떤 방법으로도 이해할 수 없을 것입니다. 그렇기에 이 영

화는 중요합니다. 단순히 한순간의 감상 물로 끝나지 말아야 하겠습니다.

어떤 분은 영화를 보기 전에는 영화를 보며 너무 많이 울 것 같아서 걱정했는데 사실 많이 울지 않았다고 합니다. 슬프지 않아서가 아니라, 눈물조차 나오지 않을 만큼 미안했기 때문이랍니다. 눈물 흘릴 힘조차 생기지 않을 만큼 분노했기 때문이랍니다. 그토록 아픈 영화, 그리고 그 아픔을 절대 잊지 말자고 다짐하게 만드는 영화입니다.

바로 이 영화가 〈귀향〉입니다. 한자로 "귀신 귀, 고향 향" 자를 씁니다. 이억만 리에서 이렇게 불쌍하게 희생된 위안부의 영혼이 간절히 고국에 돌아와 편히 쉬기를 바라는 영화입니다. "언니야, 이제 집에 가자!", "언니야, 이제 집에 가자!"라는 어린 소녀들의 한을 이제 들어 줘야 하지 않겠습니까? 그 한을 이제 풀어 줘야 하지 않겠습니까? 형제자매 여러분, 꼭 이 영화 지금이라도 한번 보시기 바랍니다. 봐야 알 수 있기 때문입니다.

형제자매 여러분, 왜 이렇게 〈귀향〉이라는 영화에 대해 장황하게 말씀드리는가 하면, 오늘 복음에서 "너희는 그 갈릴레아 사람들이 그러한 변을 당하였다고 해서 다른 모든 갈릴레아 사람들보다 더 큰 죄인이라고 생각하느냐? 아니다. 내가 너희에게 말한다. 너희도 회개하지 않으면 모두 그처럼 멸망할 것이다."(루카 13, 2-3) 회개하지 않으면 멸망할 것이다. 그렇습니다. 영화 귀향에서처럼, 이런 만행을 저질러 놓고 회개하지 않으면

망할 것이라는 경고 말씀입니다. 일본은 회개해야 합니다. 일본 영화 시사회에 참여한 관객 중, "이 영화를 세계 인들이 다 봤으면 좋겠습니다. 여기에서 이 영화를 보고 있어도 되는 건지, 정말 밖으로 뛰쳐나가고 싶었다."라는 반응도 있었다고 합니다. 기립해서 박수를 보내는 관객도 있었다고 합니다. 정말 일본의 태도가 이러하다면 얼마나 좋겠습니까? 그리고 오늘 복음에서 무화과나무 얘기가 나옵니다. 주인은 포도 재배 인에게 "여보게 내가 3년째 와서 이 무화과나무에 열매가 달렸나 하고 찾아보았지만 보지 못했네. 그러니 이것을 잘라 버리게. 땅만 버릴 이유가 없지 않은가?"(루카 13, 7) 그러자 포도밭 재배인이 "주인님, 이 나무를 올해만 그냥 두시지요. 그동안에 제가 그 둘레를 파서 거름을 주겠습니다. 그러면 내년에는 열매를 맺겠지요. 그러지 않으면 잘라 버리십시오."(루카 13, 8-9)라고 응답했습니다.

우리는 일단 열매를 맺어야 하겠습니다. 그러기 위해선 거름을 주고, 전정 작업해서 열매를 맺도록 해야 하겠습니다. 그 유예기간을 잘 활용해야 할 것입니다. 그러지 않으면, "잘라 버리겠다, 멸망한다."라는 경고입니다. 우선 나부터 회개의 열매를 맺도록 해야 하겠습니다. 특별히 사순절을 지내면서 냉담자 회두를 위해서 최선을 다하는 삶을 살아가도록 해야 하겠습니다. 만약 천국 문 앞에서 "사랑하는 네 가족, 남편(아내, 아들, 딸, 아빠, 엄마)은 어떻게 했느냐?"라고 묻는다면 뭐라고 대답하시겠습니까? 아울러 일본의 회개를 위해서 그리고 위안부들의 영혼이 영원한 안식을 누릴 수 있도록 기도해야 하겠습니다.

형제자매 여러분, 조금 전에 소개해드린 영화 제목이 무엇이라 했지요? "귀향"입니다. 영화의 제목처럼 그 혼백이라도 귀향할 수 있도록 이 미사를 통해서 열심히 기도해야 하겠습니다.

> "너희는 그 갈릴레아 사람들이 그러한 변을 당하였다고 해서 다른 모든 갈릴레아 사람들보다 더 큰 죄인이라고 생각하느냐? 아니다. 내가 너희에게 말한다. 너희도 회개하지 않으면 모두 그처럼 멸망할 것이다."(루카 13, 2-3) 아멘!

이런 아버지 있으시면 나와 보시오

   형제자매 여러분, 오늘 복음은 그 유명한 "되찾은 아들의 비유"를 들려 주고 있습니다. 옛날에는 "탕자의 비유", "잃었던 아들의 비유" 등으로 불렀습니다. 형제자매 여러분, 넌센스 퀴즈를 하나 내겠습니다. "탕자의 비유"에서 작은아들이 집으로 돌아오는 것을 제일 싫어한 것은 무엇이겠습니까? (큰아들이 아니고 송아지입니다)

   다음은 대입학력고사에 나오는 시험 문제 형식으로 문제를 내겠습니다. 한번 답해 보시기 바랍니다. 루카 복음 15장에는 "잃었던 아들의 비유"가 나옵니다. 이 비유에서 과연 주인공은 누구이겠습니까?

   ① 작은아들   ② 큰아들   ③ 아버지   ④ 하인

   이 비유에서 주인공은 "아버지"입니다. "자비로운 아버지"입니다.

작은아들은 재산을 분여 받아 도시로 나가 탕진했습니다. 돈이 있을 땐 친구들도 줄줄 따라다니더니, 돈이 다 떨어지니 친구들도 모두 떨어져 나가고 외로이 배고픔에 시달립니다. 겨우 직장은 얻었는데 돼지우리에 밥 주고 똥 치는 일을 하게 됩니다. 한 번도 해 본 적이 없는 험한 일을 합니다. 흉년까지 들어 배를 움켜쥐고 일하면서 돼지죽이라도 먹고자 했지만, 그것도 여의치 않았다고 합니다. 비로소 제정신이 들어 혼자 입속으로 중얼거립니다. "내 아버지의 집에는 종들도 배부르게 먹고 지내는데, 난 굶어 죽게 되었구나. 왜 내가 이 모양 이 꼴이 되었는가? 돌아가서 아버지께 말씀드려야지. 아버지, 제가 하늘과 아버지께 죄를 지었습니다. 저는 감히 아버지의 아들이라고 불릴 자격이 없습니다. 저를 아버지의 품팔이꾼 가운데 하나로 삼아 주십시오."라고 말씀드리리라. 작정하고 발길을 돌렸습니다. 행여나 돌아올세라 기다리던 아버지가 동구 밖에 나갔다가 저 멀리 거지꼴로 돌아오는 그를 보고 달려가 부둥켜안습니다. "아버지, 제가 하늘과 아버지께 죄를 지었습니다. 저는 아버지의 아들이라고 불릴 자격이 없습니다." 그러나 아버지는 종들에게 "어서 가장 좋은 옷을 가져다 입히고 손에 반지를 끼우고 발에 신발을 신겨 주어라. 그리고 살찐 송아지를 끌어다 잡아라. 먹고 즐기자. 이 아들은 죽었다가 다시 살아왔고 잃었다가 도로 찾았다."라고 말합니다. 그래서 즐거운 잔치가 벌어졌습니다.

형제자매 여러분, 이렇게 작은아들이 돌아와 잔치가 벌어졌는데, 이 아버지와 작은아들 중 누가 먼저 상대방을 알아보았겠습니까? 더 많이 사랑한 사람이겠지요? 더 많이 사랑한 사람은 누구이겠습니까? 역시 아버지이십니다.

형제자매 여러분, 만약에 내 아들이 재산을 다 탕진하고 거지꼴로 돌아왔을 때, 여러분은 어떻게 하시겠습니까?

① "내 그렇게 될 줄 알았다.", "그 재산은 다 무엇을 했느냐?", "이 멍청아!" 등등 말로 심하게 꾸중한다.
② "이놈의 자식아, 빈 털털이로 거지꼴로 돌아와? 썩 나가거라! 넌 이제 내 아들이 아니다." 몽둥이 뜸질을 하고 쫓아낸다.
③ 본체만체하면서 침묵을 지킨다.
④ 묻지도 따지지도 않고 받아들인다. 더 나아가 잔치를 벌인다.

이 엄청난 잘못을 한 작은 아들에게 복음에 등장하는 아버지는 묻지도 따지지도 않고 아들을 부둥켜안았습니다. "죽었던 아들이 다시 살아왔다. 이보다 더 기쁜 일이 있느냐? 어서 가장 좋은 옷을 입히고 가락지를 끼워 주고 새 신발을 신겨 주어라. 어서 살찐 송아지를 잡아 잔치를 벌여라."

세상에 이런 아버지가 어디 있겠습니까? 이런 아버지 있으시면 한번 나와 보십시오! 이런 어머니 있으시면 한번 나와 보십시오! 바로 묻지도 따지지도 않고 모든 것을 불문에 부치시고 잔치를 벌여 환영해 주는 이 아버지는 도대체 누구이시겠습니까? 한번 크게 대답해 봅시다. 우리의 아버지, 하느님이십니다. 이렇게 자비로우신 아버지 하느님이십니다. 정말 감동했습니다. 가슴이 찡합니다. 그러므로 이러한 우리 아버지 하느님께 우리 모두 달려가 그 품 안에 안겨야 할 것입니다. 올해 사순절을 맞이해서 진정 하느님 아버지 품을 떠난 자녀들이 돌아와 자비를 입을 수 있도록 열심히 기도하면서 활동해야 하겠습니다.

형제자매 여러분, 어쩌면 우리는 아버지와 함께 있으면서 아버지 마음을 모르는 큰아들이라고 생각됩니다. 화가 나서 아버지께 "저는 여러 해 동안 종처럼 아버지를 섬기며, 아버지 명을 한 번도 어긴 적이 없습니다. 이러한 저에게 친구들하고 즐기라고 염소 새끼 한 마리도 주신 적이 있으십니까? 그런데 창녀들과 어울려 재산을 다 까먹은 저 아들이 돌아오니까 살진 송아지를 잡아 주시다니요? 될 말입니까?" 그러자 아버지는 "얘야, 너는 늘 나와 함께 있고 내 것이 다 네 것이다. 너의 아우는 죽었다가 다시 살아났고 내가 잃었다가 되찾았다. 그러니 즐기고 기뻐해야 한다."라고 말해 줍니다. 언제나 함께 있으면서 아버지의 사랑과 자비를 깨닫지 못한 우리는 반성을 해야 할 것입니다.

형제자매 여러분, 오늘 화답송에서 뭐라고 노래했습니까? "주님이 얼마나 좋으신지 너희는 맛보고 깨달아라." 우리는 정말 주님이 얼마나 좋으신지 맛보고 깨달아야 하겠습니다.

형제자매 여러분, 오늘 우리는 하느님 아버지께 제사를 봉헌하면서 이런 아버지를 하느님으로 모시게 되었음을 진정 감사드리고 언제나 자비를 입을 수 있도록 "아버지, 하늘과 아버지께 죄를 지었습니다. 아버지의 아들, 딸이라고 불릴 자격이 없습니다. 용서해 주십시오." 이런 자세로 아버지 품에 안기도록 해야 하겠습니다. 아버지께서는 모든 것을 불문에 부치시고 잔치를 베풀어 주실 것입니다.

> "아버지, 하늘과 아버지께 죄를 지었습니다. 아버지의 아들이라고 불릴 자격이 없습니다."(루카 15, 21) 아멘.

사면초가에 처한 예수님

형제자매 여러분, 여러분들은 "사면초가(四面楚歌)"라는 말을 들어보셨을 것입니다. 이 사면초가란 무슨 뜻이지요? 한자로 "넉 사(四)" 자에, "얼굴 면(面)", "초나라 초(楚)", "노래 가(歌)" 자를 씁니다. 풀어쓰면, 사방에서 들려오는 초나라의 노래라는 뜻입니다. 곧, 적에게 포위되거나 몹시 어려운 일을 당해 극복할 방법이 전혀 없는 곤경에 처한 상태를 말합니다.

"사면초가"란 말의 그 유래를 보면 다음과 같습니다.

초나라의 항우는 한나라의 유방과 천하를 다투다가 세력이 서서히 기울어져 가고 있었는데, 그가 총애하던 장수 범증마저 항우를 떠나자 결국 한나라와 강화조약을 맺고 동쪽으로 돌아가던 중, 해하에서 한나라의 명장인 한신에게 포위를 당하게 됩니다. 포위되어 빠져나갈 길은 없고 군사는 줄고 식량은 바닥을 보이는 상황에서 한나라의 군대는 점점 포위망을 좁혀 옵니다. 그러던 어느 날 밤, 고향을 그리는 구슬픈 초나라의 노래가 사방에서 들려오게 됩니다. 한나라가 항복한 초나라 병사들에게 고향 노래를 부르게 한 것이었습니다. 항우는 그 노래를 듣고 "초나라는 이미 유방에게 넘어간 것인가? 어떻게 포로의 수가 저렇게 많은가!" 하고 탄식을 하였다고 합니다. 역시 초나라군사들도 사방에서 들려오는 초나라의 노래를 듣자 향수에 젖어 눈물을 흘리면서 마음이 약해졌다고 합니다. 게다가 도망자까지 속출하게 되자 이제 끝이라는 생각을 하게 된 항우는 마지막 연회를 베풀어 주었습니다. 그 후 항우는 죽을힘을 다하여 결전을 벌였지만, 추격 부대 속에 몸을 던져 장렬한 최후를 장식했다고 합니다. 이렇듯, '사면초가'는 원래 노래를 일컫는 말이었지만, 곤궁에 빠져 옴짝달싹할 수 없는 처지를 이르게 되었습니다. 비슷한 말로 "진퇴양난"이란 말이 있습니다. 앞으로 나갈 수도 없고 뒤로 물러설 수도 없는 난감한 상태에 놓임을 말합니다. 절벽 사이로 난 외길, 깊은 계곡에 앞뒤로 적군이 추격해 오는 상황이 바로 진퇴양난입니다. 이를 두고 사면이 적들로 둘러싸여 꼼짝달싹할 수 없는 상황과 비슷하다 하여 흔히 "사면초가"라고도 얘기합니다.

오늘 복음을 보면, 예수님이 처한 상황이 바로 "사면초가", "진퇴양난"입니다. 율법 학자들과 바리사이 사람들은 예수님을 올가미에 씌워 골탕 먹일 요량으로, 간음하다 잡힌 한 여인을 데려왔습니다. 그들은 모두 다 이 여인에게 돌을 던져 쳐 죽이려고 손에는 돌을 들고 씩씩거리면서 예수님과 그 여인을 빙 둘러쌌습니다. 그 여인은 부들부들 떨고 있습니다.

"예수 양반, 모세 법에는 이런 여인은 돌로 쳐 죽이라고 했는데, 돌로 쳐 죽일까? 어떻게 할까?" 하면서 예수님의 응답을 요구합니다. 예수님은 태연하게 못 들은 척 바닥에 글을 쓰고 계십니다. "예수 양반, 얼른 답 좀 해 보시오!" 그들은 재촉합니다. 정말 예수님은 사면초가, 진퇴양난에 봉착했습니다. 이러지도 저러지도 못할 상황입니다. 만약에 그들에게 "모세 법대로 돌을 던져 쳐 죽여라."라고 말한다면, 그동안 예수님께서 설교하신 내용이 말짱 거짓말이 되기 때문입니다. 예수님께서는 "하느님을 사랑하고 이웃을 내 몸같이 사랑하라. 더 나아가 원수까지도 사랑해야 한다. 일곱 번뿐 아니라, 일흔 번까지라도 용서해 주어야 한다."라고 말씀하셨습니다. 용서해 주고 자비를 베풀어야 하는데 돌을 던지라고 한다면, 예수님은 거짓말쟁이가 됩니다. 그리고 만약에 "자비를 베풀어 그 여인을 용서해 주어라."라고 한다면, 예수님은 모세 법을 어긴 것이 됩니다. 그러면 그들은 예수님을 고발할 심산입니다. 바로 예수님은 "돌을 던져라."라고 할 수도 없고 "용서해 주어라."라고도 할 수 없는 사면초가에 봉착했습니다. 곧 진퇴양난입니다.

"어허, 예수 양반, 빨리 대답 좀 해 보시오!" 하면서 재촉합니다. 드디어 예수님께서 입을 여셨습니다. "너희 중에 죄 없는 자, 이 여인을 돌로 쳐라!" 이 말에 그들은 슬그머니 집었던 돌을 던져 버리고 슬그머니 사라집니다. 의기양양했던 그들은 이 말씀 한 방에 KO패를 당하고 말았습니다. "너희 가운데 죄 없는 자가 먼저 저 여자에게 돌을 던져라."(요한 8, 7) 이 세상에 죄

없는 자가 누가 있겠습니까? 예수님 앞에 그 여인만 남게 되었습니다. "여인아, 그자들이 어디 있느냐? 너를 단죄하는 자가 아무도 없느냐?", "선생님, 아무도 없습니다." "나도 너를 단죄하지 않겠다. 가거라. 앞으로 다시는 죄짓지 마라." 얼마나 통쾌합니까?

 형제자매 여러분, 이 말씀처럼 우리는 단죄하지 말아야 하겠습니다. 죄인인 주제에 어떻게 남을 단죄할 수 있겠습니까? 그리고 용서할 수 있도록 노력해야 하겠습니다. 은총의 사순절에 이웃에게 자비와 용서를 베풂으로써 하느님의 무한한 은혜를 받을 수 있도록 해야 하겠습니다. 주님의 기도에서처럼, 하느님으로부터 용서받기 위해 전제되는 조건이 먼저 용서하는 것임을 잊지 말아야 하겠습니다.

> "나도 너를 단죄하지 않는다. 가거라. 그리고 이제부터 다시는 죄짓지 마라."(요한 8, 11) 아멘.

두 얼굴의 명수

찬미 예수님!

우리가 지금 "찬미 예수님!"하고 인사했지만, 지금 예수님께
서는 "찬미 예수님!"하고 응답하는 우리를 보시고 한탄하고 계
실 것입니다. 어떻게 이럴 수가 있을까? 어떻게 생각하면 한마
디로 화가 치밀어 올랐을 것입니다. 입으로 "찬미 예수님!" 하
지만, 얼마 못 가서 배신하는 우리 때문입니다. 그 이유가 무엇
인지를 《두 얼굴의 명수》라는 글을 통해 다시 한번 더 확인시
켜 드리겠습니다.

신혼 시절이었다. 아내가 하루는 카레라이스를 했다. 아내
딴에는 신식 며느리의 면모를 확실히 보일 셈으로 온갖 정성
을 다해 카레를 만들었는데, 어머니는 단번에 퇴짜를 놓았
다. "이 돼지죽, 너나 먹어라!" 어머니는 탁 숟가락을 놓았다.
역시 뚝배기 깨지는 소리에 찬바람이 휙 도는 표정이었다.
아내는 어찌할 바를 몰라 사색이 되었다. 그때 이웃집 할머
니 한 분이 마실을 왔다. 문밖에 인기척이 들리자마자 어머

니는 아주 재빨리 놓았던 숟가락을 다시 집었다. 표정 또한 그렇게 빨리, 완벽하게 바꿀 수가 없었다. 어머니는 너무나 행복한 노인네처럼 웃음을 활짝 짓고 나서 밥그릇에 카레를 듬뿍 얹었다. "우리 며느리가 신식 음식을 했어." 어머니는 자랑을 늘어놓았다. 이웃집 할머니에게 숟가락까지 집어 주면서 카레가 얼마나 맛있는지, 카레 이외에도 당신 며느리가 얼마나 솜씨가 좋은지 설명할 때, 어머니는 침이 마를 정도였다. '돼지죽'을 한 그릇 다 비우고 더 청하는 것이었다. 이웃집 할머니는 어머니의 기세에 눌려 덩달아 "정말 맛있네." 하고 말했다[4].

형제자매 여러분, 어떻게 생각하십니까? 우리 풍기성당에는 이런 시어머니는 한 분도 안 계시겠지요? 왜 대답이 없어요? 정말로 믿어도 되나요?

조금 전 예화에서 며느리가 카레를 만들어 밥상을 들여왔을 때 시어머님이 "이 돼지죽 너나 먹어라!"라고 퇴짜를 놓았지요? 그런데 이웃집 할머니가 오시니 우리 며느리가 신식 음식을 했어. 얼마나 맛있는지 몰라! 어서 들어보게나, 정말 맛있네! 순식간에 얼굴을 싹 바꾸는 "두 얼굴의 명수"인 시어머님을 보았습니다.

---

4) 작자 미상

"두 얼굴의 명수" 이 시어머니, 바로 오늘 복음에 등장하는 군중들입니다. 예수님께서 예루살렘 성전에 가시기 위해 나귀를 타고 오셨을 때, 군중들은 예수님을 정말 열렬히 환영했습니다. 성 밖에서는 종려나무 가지를 꺾어 들고 길에 자기의 겉옷을 깔며 "호산나! 주님의 이름으로 오시는 이여, 찬미받으소서!"하고 외쳤습니다. 오늘날 같으면 손에 손에 태극기를 들고 "예수님, 만세!"하고 외쳤을 것입니다. 그러나 성안에 들어오셨을 때, 그들은 안면을 싹 바꾸었습니다. 이젠 돌변해 "십자가에 못 박아라!"라고 외쳐댑니다. 수난 복음에서 보았듯이 어디든지 따라가겠다고 같이 죽겠다던 베드로도 닭이 울기 전에 3번이나 모른다고 배반합니다. 같이 밥을 먹고 잠을 자며 복음을 선포했던 유다스도 돈에 눈이 어두워 스승인 예수님을 30은전에 팔아먹습니다. 바로 이 자들이 "두 얼굴의 명수"가 아니고 무엇입니까? 그리고 우리는 어떻습니까? "예, 믿습니다. 주님을 믿고 따르겠습니다." 찰떡같이 약속한 세례 때의 약속을 헌신짝처럼 버리는 우리 역시 두 얼굴의 명수가 아니고 무엇입니까? 자기가 조금 불리할 때, 신자임을 떳떳이 밝히지 못하고 십자 성호도 못 긋는 우리 자신들을 볼 때 "십자가에 못 박아라!"라고 외치는 군중과 무엇이 다릅니까? 주님을 3번이나 모른다고 딱 잡아떼는 베드로와 무엇이 다릅니까? 형제자매 여러분, 조금 전 예화에서 이웃집 할머니가 오셨을 때, 얼굴을 확 바꾸는 시어머니와 무엇이 다릅니까?

오늘도 이러한 우리 때문에 주님께서는 십자가를 지시고 골고타 언덕을 오르십니다. 아직도 주님의 귀에는 환호하던 그 군중의 "호산나" 외침보다 "십자가에 못 박아라. 나는 모른다." 라는 배신의 아픔이 십자가의 고통보다 더 짓누르고 계실 것입니다. 형제자매 여러분, 이러한 배신의 고통의 짐을 벗겨 드립시다. 분명히 예화에서 시어머님은 "두 얼굴의 명수"였습니다. 그리고 예수님 당시의 군중들도 또한 "두 얼굴의 명수"였습니다. 또한, 현대를 살아가는 우리도 역시 "두 얼굴의 명수"입니다. "주님, 이러한 저희를 용서해 주십시오!"라고 기도해야 하겠습니다.

형제자매 여러분, 특별히 성 주간을 통해서 "나를 위해, 울지 말고, 너 자신을 위해 울어라."라는 주님의 말씀을 상기하면서 진정 통회의 눈물을 흘리는 성 주간이 되도록 이 제사를 통해서 다 함께 열심히 기도해야 하겠습니다.

> "나 때문에 울지 말고 너희와 너희 자녀들 때문에 울어라."(루카 23, 28) 아멘.

부활 시기

사형수 최월갑과
부활 신앙

주 참으로 부활하셨도다. 알렐루야! 알렐루야!

주님의 부활을 진심으로 축하드립니다. 부활하신 주님께서 주시는 기쁨과 평화가 교형자매 여러분과 모든 가정에 충만하시길 빕니다. 아울러 주님의 부활과 함께 세례를 받는 세례 자들에게도 축하를 드립니다. 다 함께 기쁨과 축하의 박수를 칩시다!

형제자매 여러분, 지금 소개해 드리는 이글은 올해로 돌아 가신지 13주년이 되는 김수환 추기경님이 옛날에 직접 쓰신 글입니다. 〈사형수 최월갑과 희망원〉이라는 제목의 글인데, 줄여서 읽어드립니다. 이런 내용이 동화작가 정채봉 씨가 쓴 김수환 추기경님 어린 시절 이야기인 《저 산 너머》라는 책 끝부분에도 나옵니다. 《저 산 너머》는 영화로도 촬영되어 2020년 4월에 개봉되었는데 보셨는지 모르겠습니다.

가톨릭 시보 사 사장 시절에 교도소엘 밥 먹듯이 자주 들락

거렸다. 무슨 죄를 짓고 잡혀 들어간 게 아니라 재소자들을 만나기 위해서였다. 주일미사나 고해성사 때 재소자들을 대하고 있으면 '순백의 영혼' 같은 천사를 만나고 있는 느낌이 들었다. 죄를 뉘우치고 하느님 사랑 안에서 다시 태어나려고 애쓰는 그들의 선한 눈빛이 내 마음을 사로잡은 것이다. 특히 고해실에서 그들 얘기에 귀를 기울이는 동안 '(교도소)밖에 있어야 할 사람이 안에 있고, 안에 있어야 할 사람이 밖에 있는 것은 아닌가?'라며 고개를 갸우뚱한 적이 한두 번이 아니다. 그들이 죄를 짓고 교도소까지 오게 된 사연을 눈물로 털어놓을 때는 '무전유죄 유전무죄(無錢有罪 有錢無罪)'라는 말이 가슴에 와닿아 함께 울곤 했다.

내가 재소자들을 위해 할 수 있는 일이라고는 미사 집전과 고해성사가 전부였다. 이따금 돈이 생기면 그걸 소장에게 주고 "재소자들에게 고깃국 한번 끓여 줘라."라고 부탁했다. 기름진 음식을 먹지 못해 얼굴이 늘 까칠까칠한 게 마음에 걸려 그랬던 것이다.

그때 만난 재소자들 가운데 최월갑이란 사람은 뇌리에 각인된 것 마냥, 또렷하게 기억한다. 그는 살인강도 죄를 짓고 사형선고를 받은 젊은 사형수였다. 개신교 신자였던 그가 천주교로 개종하고 싶다고 해서 미사도 드려 주고, 수녀님께 교리를 잘 가르쳐 주라고 특별히 당부까지 해 놓고 만났다. 그는 이미 신앙 안에서 죄를 깊이 뉘우치고 용서받은 상태였다. 선하디선한 눈빛만으로도 그걸 알 수 있었다. 하지만 그는 세례를 받기 직전에 사형대에 서야 했다. 사형집행 소식을 듣고 교도소로 달려가 그에게 조건부 세례를 주었다. 죽음을 앞둔 그는 놀라우리 만치 평화로웠다. 오히려 다시 눈부신 햇살이 내리쬐는 일상으로 돌아갈 내가 울고 있었다. 나는 마지막 선물로 예수님께서 죽은 라자로를 살려내신 복음(요한 11, 38-44)을 읽어 주었다. 그는 천주교 묘지에 묻어 달라는 유언을 남기고 사형대로 걸어 올라갔다. 그리고 잠시 후 "쿵"하는 소리가 귓전을 때렸다. 그 소리는 심장에 꽂히는 비수(匕首)처럼 차갑고 날카로웠다. 주위가 쥐 죽은 듯 조용했다.

그런데 잠시 후 간수가 얼굴이 사색이 되어서 내 옆에 있는 소장에게 뛰어왔다. "소장님, 월갑이, 월갑이가….", "왜 그래. 무슨 일인가?", "월갑이가 저 밑에서 싱글벙글 웃고 있어요.", "무슨 뚱딴지같은 얘기야. 죽은 사람이 웃다니?" 현장에 달려가 보았더니 그가 목에 밧줄을 걸고 정말 편안히 웃고 있는 것이 아닌가. 나무로 된 낡은 교수대가 그의 체중을 이기지 못하고 부러져 아래로 함께 떨어진 것이었다. 소장은 즉시 "사형집행 계속!" 명령을 내렸다. 젊은 사람을 두 번 죽여야 하는 상황에 어찌할 바를 몰랐다. 난 애처로운 마음을 주체할 수가 없어서 아무런 말도 못 하고 그의 손만 꼭 잡고 있었는데 내 손은 떨고 있었다. 간수들이 사형대를 고치는 것을 태연스레 보고 있던 월갑이가 오히려 나를 위로하며 말문을 열었다. "주교님, 또 뵙습니다. 미안해하지 마세요. 전

괜찮습니다. 지금 죽는 것이 제게는 가장 복된 죽음입니다. 하느님의 진리를 깨닫고 가게 되어 참으로 행복합니다." 나는 더욱더 힘을 주어 최월갑의 손을 잡아 주었다. 마침내 형장의 정리가 끝났다. 그는 다시 형장으로 걸어가면서 나한테 말했다. "주교님 30분 후에 천국에 가서 주교님을 위해 기도하고 있겠습니다."라며 날 위로하는 듯 미소를 지어 보였다. 그는 두 번째 죽음도 아주 편안하게 받아들였다.

다음날 시신을 인도받아 대구 계산동성당에서 장례미사를 봉헌했다. 미사 참례 자들에게 내가 목격한 그의 죽음을 전하면서 '부활 신앙'에 대한 강론을 했다. 그리고 유언대로 시신을 성당묘지에 안장했다. 난 40년 세월이 흘렀는데도 그와의 '만남'을 생생하게 기억한다. 그가 죽음을 받아들이는 자세와 부활 신앙에 대해 많은 묵상 거리를 남기고 떠났기 때문인 것 같다.

형제자매 여러분, 이렇게 부활 신앙이란 죽음도 뛰어넘어 행복하게 눈을 감을 수 있습니다. 사형수 최월갑이란 사람은 비록 죄를 지은 사형수였지만, 조건부 세례를 받고 정말 모든 죄의 씻음을 받고 깨끗하게 새로이 하느님의 자녀로서 탄생했습니다. 하느님의 자녀가 되어 누리게 될 하늘나라의 기쁨과 행복을 어떤 누구보다도 감사히 받아들이면서 부활에 대한 확고한 신념으로 미소 지으며 기쁨으로 사형을 받았습니다.

형제자매 여러분, 이것은 무엇보다도 죽음으로부터 사흘 만에 부활하신 주님의 덕택입니다. "나는 부활이요 생명이다. 나를 믿는 사람은 죽더라도 죽지 않고 영원한 생명을 누릴 것이다."라는 말씀대로 주님께서는 돌문을 열고 사흘 만에 부활하셨기 때문입니다.

　주님의 부활을 경축하는 형제자매 여러분, 예수님의 제자들은 목숨을 걸고 주님의 죽음과 부활을 증언하였습니다. 베드로 사도는 주님을 모른다고 세 번이나 배반했지만, 주님처럼 십자가에 매달려 죽을 수는 없다고, 그는 거꾸로 매달려 순교하셨습니다. 바오로 사도는 칠삭둥이 같은 나에게까지 부활하신 주님께서 나타나셨다고 증언하면서 "주님께서 부활하시지 않으셨다면 우리의 신앙도 헛되다."라고 말씀하셨습니다. 그러기에 주님의 부활은 우리 신앙의 근본을 찾은 날이요 예수님이 참 하느님이심이 증명되신 날입니다. 예수님의 부활은 기적 중에 가장 큰 기적입니다. 그러므로 우리 모두 주님의 부활의 증인이 되어야 하겠습니다.

　형제자매 여러분, 다시 한번 우리 주님의 부활을 축하드립니다. 부활하신 주님께서 주시는 기쁨과 평화가 교형자매 여러분과 모든 가정에 충만하시길 빕니다. 알렐루야! 알렐루야!

부활하신 예수님께서
왜 웃음을 터뜨렸을까

형제자매 여러분, 오늘은 여러분들에게 성경을 얼마나 열심히 읽고 공부하시는지 성경 말씀에 대한 질문을 해 보겠습니다.

"부활하신 예수님께서 웃음을 참지 못하시고 크게 웃음을 터뜨리셨습니다. 왜 그렇게 웃으셨겠습니까?" 힌트 오늘 복음과 관계된 문제입니다. (간지러워서 웃으셨습니다. 토마스가 옆구리에 손을 넣으니까?)

오늘 복음 말씀을 보면, 부활하신 예수님께서 제자들에게 나타나셨는데, 토마스는 그 자리에 함께 있지 않았습니다. "우리는 주님을 뵈었소." 우리는 부활하신 주님을 만났다고 자랑하는 다른 제자들에게 "나는 그분의 손에 있는 못 자국을 직접 보고 그 못 자국에 내 손가락을 넣어 보고 또 그분 옆구리에 내 손을 넣어 보지 않고는 결코 믿지 못하겠소." 하고 말했습니다. 내 눈으로 직접 보고 내 손으로 직접 만져 보고 믿겠다고 했습니다. 부활하신 주님께서 여드레 뒤에 다시 제자들에게 나타나셔서 "토마스야, 내 손과 발을 만져 보아라. 내 옆구리에 네 손을 넣어 보아라. 그리고 의심을 버리고 믿어라."라고 말씀하셨습니다. 토마스는 무릎을 꿇고 "저의 주님, 저의 하느님!"하고 고백을 했습니다. 이런 토마스에게 "너는 나를 보고서야 믿느냐? 보지 않고서도 믿는 사람은 참으로 행복하다."라는 말씀을 하셨습니다.

형제자매 여러분, 현대 사람들은 "보고야 믿겠다."라고 모두 다 그럽니다. 심지어 어떤 사람은 "하느님을 보여 달라 아니면 내 주먹을 믿어라!"라고 합니다. 하느님을 보고서야 믿겠다. 천국을 어떻게 믿어, 가 봐야 믿겠다는 사람들이 많습니다. 그런 사람들은 또 하나의 토마스입니다. 그런 우리에게, 나에게 예수님께서 이렇게 말씀하십니다. "너는 나를 보고서야 믿느냐, 보지 않고도 믿는 사람은 참으로 행복하다."라고 말입니다.

형제자매 여러분, 오늘은 조선 시대 천주교 박해 때에 천주교 신자들을 문초한 내용을 간단하게 소개하겠습니다.

조선 시대 천주교 박해 때에 형조 나졸이 온다고 하면 산촌 초목도 떨었다고 합니다. 형조판서 김화진은 그 무서운 나졸들의 대장이니 얼마나 대단하겠습니까? 그런데 이 양반이 "나는 천주교 신자는 못 잡겠다."라고 말했다고 합니다. 왜냐하면, 당장 배교하지 않으면 죽이겠다고 해도 "어서 죽이십시오."하고 무서워하지 않으니까 법이 무용지물이 되었다고 합니다. 관장이 모욕적으로 잡혀 온 여인에게 이렇게 물었습니다.

"네가 믿는다는 하느님은 도대체 어느 책에 적혀 있느냐?" 그 질문에 여인이 이렇게 대답합니다. "저는 글을 배우지 못해서 제 이름도 적을 줄 모릅니다." 이러니 관장이 얼마나 화가 나겠습니까? 성현의 가르침을 인용하여 설득해도 될까 말까인데 글자도 모른다고 하면서 국법까지 운운하니 화가 머리끝까지 나서 "글도 모르는 게 뭘 안다고 천주교를 믿느냐? 너 하느님을 본 적이 있느냐?"라고 하면서 다그칩니다. 그러니까 이 여인이 겸손하게 관장님, "저는 단 한 번도 하느님을 본 적이 없습니다." 이러거든요. "글도 아는 게 있느냐? 본 적이 있느냐? 너는 뭘 가지고 하느님을 믿는다고 큰소리치느냐?"라고 하면서 아주 무시합니다.

"나으리, 제가 보지 않았기 때문에 믿지 말아야 할 것으로 말한다면 저는 이 나라의 나라님(임금님)을 한 번도 본 적이 없습니다. 그러나 나라님(임금님)이 보내신 관장님을 보고 저는 나라님(임금님)이 계신 줄 믿습니다. 하물며 세상이 있는 걸 보고 이 세상을 만드신 분을 어찌 믿지 않겠나이까?" 이 말에 관장은 말문이 탁 막힙니다. 그래서 화가 나서 벌떡 일어나 큰소리칩니다. "천주교 신자는 입만 살아 말만 잘한다. 어서 주리를 틀어라!"

형제자매 여러분, 이렇게 우리 선조들은 글은 못 배웠어도 교리에 대한 해박한 지식과 굳센 신앙은 대단했습니다. 오로지 자부심과 긍지를 가지고 떳떳하게 박해 속에서도 죽음 앞에서도 신앙을 용감하게 증언했습니다.

형제자매 여러분, 믿음은, 신앙은, 결코 눈으로 보고서 믿는 것이 아닙니다. 눈으로 볼 수 없는 것을 확증하는 것이기 때문입니다. 믿음은 머리로만 믿는 것이 아니라 가슴으로 믿는 것입니다. 형제자매 여러분, 여러분은 조상님의 존재를 믿습니까? 증조, 고조할아버지 할머니를 보셨습니까? 보지 못했어도 내가 있음을 통해서 믿는 것과 같습니다. 이와 마찬가지로 이 세상 만물을 통해서 이것을 만드신 분, 곧 하느님이 존재하심을 믿는 것과 똑같습니다. 이 세상 모든 사람이 결과를 통해서 원인인 하느님을 알아보는 신앙의 눈이 열리면 얼마나 좋겠습니까?

형제자매 여러분, 우리 모두 토마스처럼 부활하신 예수님의 옆구리에 손을 넣고 확인할까요? 확인합시다. 만약 예수님께서 간지러워 웃으시면 얼마나 좋겠습니까? 크게 웃음을 터트리시는 예수님을 생각하면서 토마스에게 하신 말씀을 명심하시면 좋겠습니다.

"너는 나를 보고서야 믿느냐? 보지 않고도 믿는 사람은 행복하다."(요한 20, 29) 아멘!

너는 나를 사랑하느냐

　부활하신 예수님께서 세 번째로 제자들에게 나타나십니다. 제자들은 스승이신 예수님께 기대를 걸었지만, 예수님은 십자가형의 죽음을 통하여 그들에게 실망과 좌절을 안겨 주었습니다. 그래서 그들은 할 수 없이 고향으로 돌아가 배를 타고 거물을 치게 되었습니다. 그들은 밤새도록 애썼지만 고기를 한 마리도 잡지 못했습니다. 너무나도 허탈한 마음으로 새벽에 거물을 씻고 있었는데 부활하신 주님께서 그들에게 나타나셔서 "그물을 배 오른쪽에 던져 보아라."라고 말씀하셨습니다.

　우리가 밤새도록 그물을 쳤지만, 허탕을 쳤는데 뭐 별수가 있겠는가? 우리가 어부인데, 우리보다 누가 이 갈릴레아 호수를 더 잘 안단 말인가? 그렇게 치부하고 예수님의 말씀을 듣지 않을 수도 있었을 것입니다. 그러나 예수님의 말씀대로 그물을 쳤더니 의외로 엄청나게 고기가 많이 걸렸습니다. 그때 사랑하던 제자가 베드로에게 "주님이십니다."하고 말하자 베드로는 단번에 호수로 뛰어들어 예수님께로 헤엄쳐 갔습니다. 부활하신 예수님을 뵙고 얼마나 기뻤겠습니까? 그들은 잡은 물고기를 불에 구워 빵과 함께 아침 식사를 했습니다. 부활하신 예수님과의 세 번째 만남은 이렇게 이루어졌습니다.

형제자매 여러분, 여러분은 좌절과 허탈함 속에서 방황한 적이 있으십니까? 그럴 때 우리의 주님께서는 제자들에게 나타나시어 "그물을 배 오른쪽에 던져 보아라."라고 하셨던 것처럼 우리에게도 똑같은 말씀을 하시며 가까이 오십니다. 그러나 우리는 그 주님의 목소리를 알아듣지 못하고 좌절과 허탈의 구렁텅이에서 헤어나지 못하고 방황하게 됩니다. 설사 주님의 목소리를 들었다고 하더라도 아집과 편견에 사로잡혀 주님의 목소리를 간과해 버리기 쉽습니다. 그러나 제자들은 어부 고수이지만 초출인 예수님의 말씀을 따랐습니다. 이렇게 우리도 예수님의 말씀을 듣고 따를 때 물고기를 엄청나게 잡을 수 있는 큰 기쁨을 안겨 준다는 사실을 명심해야 하겠습니다. 우리가 전교할 때에도, 어떠한 일을 할 때도 주님께서 함께하시지 않는다면 좋은 결과를 얻을 수 없다는 자명한 진리를 깨달아야 하겠습니다. "너희는 나 없이 아무것도 하지 못한다."(요한 15, 5)라는 말씀대로 주님 없이는 아무런 결실도 내다볼 수 없지만, 주님께서 함께하시면 언제나 풍성한 결실과 좋은 결과를 초래한다는 사실을 알아들어야 하겠습니다.

형제자매 여러분, 아침을 함께 드신 예수님께서 시몬 베드로에게 물어보셨습니다. "요한의 아들 시몬아, 너는 나를 사랑하느냐?" 한 번도 아니고 세 번씩이나 반복해서 물었습니다. 세 번이나 베드로가 주님을 모른다고 배반한 사실을 상기하듯, 그래서 베드로는 슬퍼하며 "주님, 주님께서는 모든 것을 아십니다. 제가 주님을 사랑하는 줄을 주님께서는 알고 계십니다."라고 대답하였습니다. 그때마다 예수님께서는 "내 양들을 잘 돌보아라."하시며 임무를 맡기셨습니다. 그가 교회 안에서 수행해야 할 목자로서의 직무를 부여해 주셨습니다. 그러면서 주님께서는 온 교회에 대한 사목 직을 부여하시면서 한편 그가 당하게 될 순교에 대해 은근히 예고하신다는 사실을 알아들어야 하겠습니다. 곧 베드로의 직무는 고통과 십자가를 통해서 주님 부활의 영광에 참여할 수 있음을 말해 줍니다.

형제자매 여러분, 오늘도 부활하신 주님께서는 여러분에게 묻습니다. "너는 나를 사랑하느냐?" 한 번도 아니고 세 번씩이나 물어보십니다. 여러분, 어떻게 대답하시겠습니까? "예, 주님. 저는 주님을 사랑합니다!" 떳떳하고 기쁘게 대답합시다! 주님을 사랑하는 만큼 여러분의 말과 행동도 달라질 것입니다. 분명히 주님을 사랑하는 만큼 여러분의 삶도 달라질 것입니다. 또한, 주님을 사랑하는 만큼 부활하신 주님을 모시고 기쁘고 떳떳하게 살 것입니다.

형제자매 여러분, 부활하신 예수님께서 오늘 성당에 오신 여러분에게 묻습니다. "너는 나를 사랑하느냐?" 힘차게 대답합시다! "예, 주님. 저는 주님을 사랑합니다!" 아멘!

양들의 특성에 따른 결론

오늘은 성소 주일입니다. "성소"(聖召) 라고 하면 "거룩한 부르심"을 말합니다. 하느님께서는 우리 모두를 부르고 계십니다. 대부분 사람은 "결혼 성소" 부르심을 받고 있습니다. 왜 결혼을 하나요? 혼인의 목적이 무엇이겠습니까? 결혼하는 당사자들에게 혼인 면담을 해 보면, 혼인의 목적도 모르고 결혼하는 젊은 부부들을 종종 볼 수 있습니다. 혼인의 1차적인 목적은 가정을 통해서 하느님의 사랑을 구현하기 위해서이고, 부차적인 목적은 하느님의 창조 사업에 이바지하기 위해서 자녀를 출산하는 것입니다.

그런데 요즘은 이 혼인의 부차적인 목적인 자녀 출산을 안 하려는 데 문제가 있습니다. 적어도 두셋은 낳아야 하는데, 낳아야 겨우 한 명, 문제가 많습니다. 앞으로 대한민국의 장래가 암담합니다. 저출산 세계 1위입니다. 미국이나 유럽을 능가합니다. 앞으로 대한민국이 어떻게 되겠습니까? 딱하나 낳아 금이야 옥이야 길러 대학교 다 보내고, 졸업해선 먹고 놀면서도 어려운 일 안 하려고 하고, 누가 농사짓고, 공장 일을 하겠습니까?

그렇다면 앞으로 외국 노동자가 한국에 들어와야 합니다. 한국에 이민 와야 합니다. 그렇다면 아들이 단 하나뿐인데 그 아들을 신학교에 보내겠습니까? 딸이 하나뿐인데 수녀원에 선뜻 보내겠습니까?

이런 식으로 나간다면, 앞으로 신학교, 수녀원 문 닫아야 합니다. 한국 천주교의 장래가 암담합니다. 가정은 "성소의 못자리"라고 얘기합니다. 올해 농사를 잘 지으려면 모판에 못자리를 잘 해야 합니다. 여러분들의 성소의 못자리인 가정에 모가 없다면 어떻게 해야 하겠습니까? 모를 심을 논은 많은데 모가 없으니 어떻게 해야 하겠습니까? 그래서 예수님께서 "추수할 것은 많은데 일꾼이 적다. 그 일꾼들을 보내 달라고 청하여라."라고 말씀하셨습니다.

오늘은 성소 주일입니다. 하느님의 부르심 중에서 이 추수할 일꾼, 사제 성소자, 수도 성소 자를 위해서 기도하는 날입니다. 많은 젊은이가 사제나 수도의 길로 부르심을 받을 수 있도록 마음을 모아 기도하는 날입니다.

예수님께서 말씀하셨습니다. "나는 착한 목자다."(요한 10, 11), "내 양들은 내 목소리를 알아듣는다. 나는 그들을 알고, 그들은 나를 따른다."(요한 10, 27) 오늘 우리는 착한 목자 주일을 맞이하여 목자이신 예수님의 부르심을 알아들어야 하겠습니다.

양의 특성을 몇 가지 든다면 첫째로, 양은 스스로 길을 찾지 못한다는 것입니다. 개나 고양이는 스스로 길을 찾지만, 그렇지 못

하다는 것입니다. 그 이유가 있겠지만, 눈이 나쁘고 방향 감각이 없다는 것입니다. 시력이 나빠서 때로는 웅덩이에 빠지거나, 낭떠러지에서 떨어지거나 길을 잃는다는 것입니다. 물가나 풀밭을 스스로 찾아야 하는데 그러지 못한다는 것입니다. 이런 양에겐 목자가 꼭 풀밭으로 물가로 데려다주는 보살핌이 있어야 한다는 것입니다. 형제자매 여러분, 양이 넘어지면 스스로 일어날 수 있겠습니까? 없습니다. 둘째로, 양은 잘 넘어지고 넘어지면 스스로 못 일어난다는 것입니다. 잘 넘어지고 뛰는 속도도 느리기에 맹수의 밥이 되기 쉽습니다. 넘어지면 벌러덩 누워 못 일어나기 때문에 목자가 일으켜 세워줘야 한다는 것입니다.

그리고 셋째로, 양은 방어 능력이 하나도 없습니다. 염소는 뿔로 박든지 뒷다리로 차거나 하지만, 고슴도치는 몸의 가시로 방어를 하지만, 개는 물기라도 하지만, 양은 전혀 방어 능력이 없어서 고스란히 맹수의 밥이 된다는 것입니다. 넷째로, 양의 특징은 청각이 발달하여 주인의 목소리를 알아듣는다는 것입니다. 예수님의 말씀처럼 "그들은 나를 알고 따른다."라는 것입니다. 양들이 정말 주인의 목소리를 알아듣는지, 실험을 해봤는데, 다른 사람이 아무리 양들을 불러도 꼼짝 안 하더니, 주인의 녹음된 목소리를 녹음기로 들려 주니까 녹음기 가까이 모이더라는 것입니다.

양들의 특성에 따른 결론을 말하면 첫째로, 양들은 목자의 보살핌이 꼭 있어야 한다는 사실입니다. 그래서 이런 양들을 위한 착한 목자가 많이 날 수 있도록 오늘 기도하면서 성소자들을 위해서 기도하고 성소 후원회에 가입해서 성소 자들을 적극적으로 돕도록 해야 하겠습니다. 성소 후원금은 신학생들의 공부나 기숙사비를 충당하게 됩니다.

둘째로, 양들은 목자의 목소리를 알아들어야 한다는 것입니다. 목자의 목소리를 알아듣고 잘 따를 수 있어야 하겠습니다. 라디오 주파수를 맞추듯, 주님의 목소리에 주파수를 잘 맞춰야 하겠습니다. 세속의 주파수에 맞추어 놓고 들으려고 할 때 잘 들을 수 없고 잡음만 들릴 것입니다.

셋째로, 가정은 성소의 못자리입니다. 성소 자는 여러분 가정에서 나와야 합니다. 적어도 둘이나 셋 낳아 신학교에 한 명, 수녀원에 한 명 보내 주십시오. 한 명은 데리고 계시고. 안 되면 손자, 손녀라도 좋습니다. 약속할 수 있겠습니까?

> "나는 착한 목자다."(요한 10, 11), "내 양들은 내 목소리를 알아듣는다. 나는 그들을 알고, 그들은 나를 따른다."(요한 10, 27) 아멘!

서로 사랑하여라

형제자매 여러분, 여러분은 손가락이 모두 몇 개지요? 열 개입니다. 그런데 손가락이 모두 다 네 개인 피아니스트가 있습니다. 그분은 누구이겠습니까? 이희아(히야친다) 양, 이희아 양이 10살 때 일기장에 이런 글을 썼다고 합니다. "나는 손가락을 두 개 주신 하느님께 감사한다. 내 손을 생각해 보면 아주 귀한 보물의 손이다." 지금 현재 손가락 2개의 양손이 보물의 손이 되었습니다. 훌륭한 피아니스트이기 때문입니다.

형제자매 여러분, 그러면 각 손가락의 이름을 알고 계십니까? 첫째 손가락은 엄지, 둘째 손가락은 검지, 순수 우리말로는 집게손가락, 가운뎃손가락은 중지, 넷째 손가락은 약손가락, 약지 혹은 무명지, 다섯째 손가락은 새끼손가락 혹은 소지라고 합니다. 그런데 결혼반지는 어느 손가락에 낍니까? 약지에 낍니다. 왜 약지에다 끼는지 알고 있습니까? 흔히 심장을 하트, 사랑으로 표시합니다. 이 심장혈과 가장 잘 통하는 혈이 약지라고 합니다. 그래서 약지(무명지)에 사랑의 결합을 상징하는 결혼반지를 낀다고 합니다. 그것도 모르고 혼인 반지를 끼고 계십니까?

다음의 글은 어떤 병원의 간호사가 쓴 글입니다.

어느 날 아침, 내가 근무하고 있는 병원에서의 일이다. 젊은 처녀와 그녀의 어머니가 내가 막 출근하자마자 진료실 문을 열고 들어섰다. 두 사람은 왠지 무척 초조하고 창백해 보였다. 그들은 한참 동안 말이 없더니 마침내 처녀의 어머니가 더듬거리며 말문을 열었다. "저, 의사 선생님. 제 딸이 다음 달에 시집을 가는데요⋯." 그녀는 하던 말을 중단하고 옆에 앉아 있는 딸의 손을 감싸 쥐었다가 펴더니 말을 이었다. "선생님, 제 딸이 어렸을 적에 시골 할머니 집에 놀러 갔다가 잘못해서 왼손 손가락이 모두 잘렸어요. 그런데 손가락 네 개는 어릴 때 이식을 시켰는데, 나머지 한 손가락은 아직 이식시키지 못했어요. 저, 선생님. 지금도 이식 수술이 가능할까요? 딸이 시집 갈 날이 점점 다가오는데 반지 낄 손가락이 없어서 저 애나 저나 매일 눈물이에요. 저의 손가락이라도 이식시키고 싶어서 이렇게 선생님을 찾아왔습니다." 어느새 그 어머니의 눈에서는 눈물이 흘러내렸다. "아, 네. 이식 수술이 가능합니다." 그렇게 말하는 원장 선생님의 목소리가 어떤 감동으로 떨리고 있었다. 결혼할 날은 가까이 다가오는데 반지 낄 손가락이 없는 딸을 위해 자신의 손가락을 이식하려는 어머니의 마음에 나도 모르게 마음속으로 울고 말았다[5].

---

5) 네이버 블로그, 〈손가락을 이식시켜 주세요〉, https://blog.naver.com/

방금 소개해 드린 글은 〈손가락을 이식시켜 주세요〉라는 제목
의 글입니다. 시집보낼 딸을 생각하면서 자기 손가락을 이식시
켜 주고자 하는 어머님의 마음, 참으로 아름다운 사랑의 마음입
니다. 딸을 그토록 사랑하기에 자신의 신체 일부라도 아까워하지
않고 내주어 딸의 행복을 바라는 어머니의 마음, 이것이 진정 사
랑이 아니겠습니까? 여러분은 어떻게 생각하십니까? 예수님께
서는 손가락이 아니라 당신의 몸과 피를 송두리째 우리를 위하여
내주셨습니다. 그것도 모자람을 느끼셨는지 자식들을 먹여 살리
기 위해서 성체 안에 현존해 계시면서 몸소 생명의 빵이 되셨습
니다. 어느 누가 자기 몸을 내주겠습니까?

예수님께서는 제자들의 발을 손수 씻겨 주셨습니다. 스승이
시면서 어떻게 그토록 겸손하실 수 있었겠습니까? 몸 둘 바를
모르는 제자들에게 "스승인 내가 본을 보여 주었으니 너희도
그렇게 해라."하시며 제자들에게 당부하셨습니다. 이런 스승이
신 예수님이야말로 이 세상 어떤 사람보다도 설득력이 있으십
니다.

형제자매 여러분, 오늘 복음에서 예수님께서는 가장 중요한 사
랑의 계명을 주십니다. "내가 너희에게 새 계명을 준다. 서로 사
랑하여라. 내가 너희를 사랑한 것처럼 너희도 서로 사랑하여라.

mentoring2
/2282817(2019. 12. 03.)

너희가 서로 사랑하면, 모든 사람이 그것을 보고 너희가 내 제자라는 것을 알게 될 것이다."(요한 13, 34-35) 이 사랑의 계명이 새 계명인 것은 "그리스도께서 우리를 사랑하신 것처럼" 사랑하라는 것이기 때문입니다. 즉 예수님께서 제자들에게 보여 주신 사랑 자체가 새로운 것입니다. "서로 사랑하는 것" 이것이 곧 그들이 예수님의 제자임을 나타내는 표지가 되어야 한다는 것입니다. 이러한 사랑은 하느님이 세상에 현존하신다는 징표이고 이를 통하여 그리스도인이라고 불리게 된다는 것입니다. 그러므로 우리는 그리스도께서 보여 주신 사랑을 이웃에게 실천해야 하겠습니다.

형제자매 여러분, 참사랑은 창조주이신 하느님께서 친히 사람이 되시어 십자가 위에서 당신 생명을 제물로 바치시기까지 하신 사랑, 조건 없이 다 내주시는 사랑을 말합니다. 딸을 사랑하기에 자기 손가락이라도 잘라 이식시켜 주고자 하는 그 어머님의 마음, 그것이 참사랑이 아니겠습니까?

그러므로 형제자매 여러분, 주님께서 우리를 사랑하신 것처럼 우리도 서로 무조건적이고 무제한 적인 사랑을 실천할 때, 예수님의 제자라고 말할 수 있을 것입니다. 우리 모두 서로 사랑합시다!

> "서로 사랑하여라. 내가 너희를 사랑한 것처럼 너희도 서로 사랑하여라."(요한 13, 34) 아멘.

나는 울 엄마의 엄마랍니다

형제자매 여러분, 퀴즈 하나 내겠습니다. "나는 울 엄마의 엄마입니다" 나는 누구일까요? 〈나는 울 엄마의 엄마랍니다〉 이 글은 경북 울진군 평해읍 월송1리 이장 김용덕 씨가 쓴 글입니다. 2015년 9월 15일 경상북도 "광역 치매 센터" 주관 "치매 인식개선" 수기 공모전에 출품하여 장려상을 받은 작품입니다. 일기 형식으로 썼습니다. 너무 길어서 일부만 발췌해서 소개해 드립니다.

2014년 2월 16일, 내 마음에도 눈이 펑펑

간밤에는 유독 잠을 설쳤다. 엄마가 밤 10시부터 계속 잠을 자지 않고 헛소리를 하신다. 집에 가자고 보채는 엄마, 심한 잠꼬대에 소변을 3번 연속 보았는데도 자꾸만 보챈다. 밤 2시경 깜빡 잠이 들었는데 엄마는 누구와 전화를 하신다. "야야, 내가 금순네 집에 놀러 왔는데 집에 가려고 해도 누가 데려오지 않아 기다리고 있으니 형에게 전화해서 내 좀 데려오라고 해라." 기가 막힌다. 아침에 전화기를 확인하니 고향을 다녀간 막냇동생과 통화를 하였다. 밤낮을 가리지 않은 엄마의 증세에 악몽 같은 시간이 우리 부부를 힘들게 하였다. 도저히 참을 수 없어 "엄마, 제발 잠 좀 자자!" 큰소리로 화를 냈다. 엄마는 슬픈 눈으로 나를 바라보았다. 엄마의 슬픈 눈빛에 가슴이 찢어져서 아픈 엄마를 붙들고 엉엉 울고 말았다. "엄마! 왜 그래, 이러지 마. 나 힘들어 정말 힘들어.", "엄마! 이러면 나 못 살아, 제발." 메아리 없는 하소연은 내 가슴을 더 아프게 후벼 팠다. 답답한 마음에 밖으로 나오니 날이 훤하게 밝아오는데 함박눈이 펑펑 내리고 있다.

마침 오늘은 막냇동생네가 내려와 덕분에 맘 놓고 고추 모종을 육묘하였다. 엄마에 대한 동생의 지극한 효성이 고맙다. 움직임이 불편한 엄마의 모습에 애처로운 동생, 걱정이 태산이다. 2박 3일 짧은 일정의 휴가를 끝내고 동생은 떠났다. "형수님! 고맙습니다. 그 은혜 잊지 않겠습니다."라고 하면서 아내의 손을 꼭 잡는다. 엄마를 뒤로하는 아우의 얼굴에는 슬픔과 회한으로 눈물이 가득 담겨 있었다. 하루빨리 쾌차했으면 얼마나 좋으랴! 오래 누워 있다 보니 엉덩이에 시커먼 욕창이 생기기 시작했다.

2014년 4월 12일, 울 엄마의 엄마가 된 날

이른 아침부터 800평 밭에 20kg 씨감자 14박스를 심었다. 오늘 감자 심는다고 신신당부하고 이른 아침 밭으로 향하는 마음이 가볍지 않다. 틈틈이 아내와 교대로 집에 들러 엄마의 동정을 살폈는데 보따리를 싸고 풀고 있었다. 감자를 심고 서둘러 집에 돌아왔다. 아니나 다를까 엄마는 똥을 싸서 혼자 해결한다고 이불이며 목욕탕까지 온통 집안을 엉망으로 만들어 놓았다. "엄마!" 하고 불렀더니 엄마가 메아리처럼 "응, 엄마." 하시며 천진한 미소를 보내시는 엄마! 순간 등골이 오싹했다. 엄마의 기억 속에 그토록 이뻐하시던 장남인 내가 사라져 버린 것이다. "엄마! 왜 그래." 하며 다그치는 고함에 당황한 엄마의 슬픈 눈빛이 내 가슴을 파고든다. "어머니, 괜찮아. 천천히 엉덩이 들어." 악몽 같았던 지난 일 년에 비하면 아무것도 아니라며 당황해하는 엄마를 아내가 달래 주었다. 그동안 고생한 아내가 고맙고, 감사하고 미안해 뜨거운 눈물이 내 가슴을 적신다.

그렇게 나는 오늘부터 울 엄마의 엄마가 돼 버렸다. 엄마가 어릴 때 내게 하신 것처럼 나도 울 엄마한테, 든든한 나무 같은 엄마가 되어 드리리라고 다짐해도 뭔가 더 슬퍼지는 날이었다.

2015년 5월 30일, 엄마의 83번째 생신

오늘은 엄마의 83세 생신이다. 모내기로 새벽에 아침밥을 먹는데 아내가 찰밥을 차렸다. 주인공 엄마는 아직 곤한 잠을 자는데 아들은 엄마 생신 찰밥을 먹는다. 이제 엄마 생신을 얼마나 더 챙겨드릴 수 있을까? 엄마 생신 찰밥을 차려 주신 아내가 고맙다.

모내기 끝내고 집에 돌아오니 팬티 세 장을 걸쳐 입고 솜바지를 입고 바리바리 보따리 싸놓고 "엄마! 우리 집에 가자!" 보채시는 엄마에게 "응! 내일 돼지고기 사서 가지고 숙희가 온다." 하면서 엄마를 달래 보따리를 풀게 하였다. 저녁에 엄마가 좋아하시는 삼겹살에 동생들이 보내준 꽃바구니에 케이크에 샴페인을 마셨다. 샴페인을 마시고 기분이 좋은 엄마. "엄니는 노래하고 나는 춤추고." 애창곡 18번을 부른다. 생일 축하 노래를 부르고 케이크를 자르고 촛불을 끄신 엄마, 느닷없이 던지는 한마디, "엄마! 오늘 누구 생일이고?" 묻고 또 묻는다. 난 앞으로 얼마나 더 엄마 생신을 챙겨드리는 이상한 엄마가 될 수 있을까? 한편 슬프고 안타깝지만, 더 아프지 말고 건강하게 사시길 간절히 소망한다.

2015년 8월 30일, 부끄러운 마음으로

치매 투병 2여 년간 엄마의 몸 상태는 거동이 불편하지만, 실내에서 화장실이며 양치질이며 간단한 일상을 혼자서 척척 해결하니 얼마나 좋은가? 아직도 짐을 싸고 집에 가자고 보채지만, 엄마와 함께할 수 있으니 또 얼마나 좋은가! 형제들의 끈끈한 우정이 치매 엄마의 불가능을 가능으로, 하루하루 기적을 만들어 간다. 희망의 끈을 놓지 않고 열심히 간 병한 덕분에, 분명 엄마는 건강을 서서히 찾고 있었다. 가끔 엉뚱한 행동과 말로 우리를 당황하게 하지만, 엄마의 무공해 개그로 우리는 하루의 피로를 잊고, 웃고 울며 무한 행복으로 살아가고 있다. 엄마! 사랑해!

형제자매 여러분, 참으로 장한 맏아들과 며느리입니다. 이렇게 치매란, 참으로 어렵고 온 가족에게 큰 부담을 주는 몹쓸 병입니다. 조금 전에 낭독해 드린 이장님의 일기가 어떻게 보면, 남의 얘기 같지만, 곧 우리 가족, 나의 일이 될지도 모릅니다. 이제 100세 인생인데, 적어도 나중에 늙어서 치매엔 걸리지 말아야 하는데, 걱정이 태산입니다. 그게 어디 마음대로 된다면 얼마나 좋겠습니까?

형제자매 여러분, 치매에 안 걸리려면 어떻게 해야 하겠습니까? 미리 치매 예방약을 먹으면 되겠습니까? 도움은 되겠지만, 100% 장담 못 할 것 같습니다. 형제자매 여러분, 오늘 복음에서 그 해답을 알려 주고 있습니다. 그 해답은 "보호자"를 잘 선택해야 합니다. "울 엄마의 엄마" 누구시지요? "외할머니"입니다. 조금 전에 일기에서 말씀드린 치매 환자 자신의 보호자는 자신의 엄마인데, 치매 환자는 "울 엄마의 엄마"는 누구였습니까? 당신의 "맏아들"이었습니다. 치매 환자에겐 당신의 아들이 "엄마"가 된 것입니다. 이것은 보호자를 잘못 정했기 때문입니다.

형제자매 여러분, 여러분의 보호자는 누구십니까? 우리들의 영원한 보호자는 오늘 복음에서 말씀하듯이 "성령" 곧 "하느님"이십니다. 우리들의 삶에서 영원한 보호자이신 성령, 하느님을 모시면 만사 오케이입니다.

　형제자매 여러분, 하느님을 믿고 종교 생활을 하는 사람과 하느님을 믿지 않고 종교 생활을 하지 않는 사람과 서로 비교하면, 어느 쪽이 건강하게 더 오래 살 수 있겠습니까? 물론, 하느님을 믿고 종교 생활을 열심히 하는 사람이 더 건강하게 더 오래 살 수 있습니다. 이 사실은 벌써 오래전부터 통계적으로 증명되었습니다.

　형제자매 여러분, 오늘 복음에서 우리의 보호자이신 성령이 오시면, "첫째, 모든 것을 가르쳐 주시고 둘째, 내가 말한 모든 것을 기억하게 한다."라고 말씀하십니다. 그러므로 우리의 보호자이신 성령, 하느님을 올바로 모시고 생활한다면, 결코 치매에 안 걸릴 것입니다. 왜냐하면, 모든 것을 가르쳐 주시고 기억하게 해 주시기 때문입니다. 이해되십니까? 신앙생활을 열심히 해 보십시오! 분명히 치매에 안 걸릴 것입니다.

　형제자매 여러분, 가만히 있으면 육체적으로나 정신적으로 녹스는데 어떤 단체나 레지오에 가입해서 열심히 기도하고 봉사활동이나 전교활동을 한다면 자신도 흐뭇하고 주님으로부터 사랑도 듬뿍 받을 것입니다. 그러면 기분이 좋아져서 정신이 더욱더 건강하게 될 것입니다. 또한, 더 나아가 하늘나라 좋은 자리를 예약하게 되고 얼마나 좋습니까? 이것이 바로 꿩 먹고 알 먹는 신앙생활입니다. 이것을 다른 말로 하면 뭐라고 하지요? 곧 도랑 치고 가재 잡는 신앙생활입니다. 이것을 한마디로 말하면 뭐라고 하지요? 일거양득입니다. 이렇게 신앙생활을 열심히 하시면 결코 치매에 안 걸릴 것은 분명합니다. 그런 의미에서 모두 다 단체나 레지오에 꼭 가입하셔서 열심히 신앙생활을 하시기를 권고합니다.

형제자매 여러분, 치매에 안 걸리는 방법 분명히 알려 드렸습니다. 나중에 딴말하시면 안 됩니다. 형제자매 여러분, 아시겠습니까? 형제자매 여러분, 모두 다 보호자이신 성령, 하느님께 의탁하면서 후회 없이 열심히 신앙생활 하시기 바랍니다.

"보호자 성령께서는 내가 너희에게 말한 모든 것을 기억하게 해 주실 것이다."(요한 14, 27 참조) 아멘.

하늘을 날아 보셨습니까

형제자매 여러분, 여러분은 하늘을 날아 보셨습니까? 저는 하늘을 날아 봤습니다. 비행기 타고, 하하하. 여러분도 역시 비행기 타고 날아 보셨으리라 믿습니다. 그런데 저는 비행기 타고 날아가는 비행기에서 뛰어내려 보았습니다. 군대 있을 때 C-69라는 수송기를 타고 낙하산을 울러 메고 배낭과 총칼을 차고 여러 번 뛰어내려 봤습니다. 처음엔 무척 두려웠습니다.

비행기에 타기 전부터 정신을 바짝 차리도록 수많은 얼차려와 호된 기합을 받습니다. 잘못하면 사고가 나고 정신을 바짝 차리지 않으면 생명이 왔다 갔다 하기 때문입니다. 기도가 절로 나옵니다. "하느님, 도와주십시오. 주님, 무사할 수 있도록, 살려 주시면 정말 좋은 신부 되겠습니다. 하느님 아버지, 하느님 아버지!" 이렇게 주님께 약속드리는 수많은 기도를 했습니다.

수송기의 굉음과 함께 프로펠러가 돌아가는 바람을 헤치고 비행기 뒷문으로 완전 무장을 하고 뛰어가 탑승을 하면 곧 이륙합니다. 고함을 질러야 들리는 수송기 안에서 사기충천하도록 군가를 부르면서 점프 준비를 합니다. 한참 동안 비행기가 날아가다 보면 뛰어내릴 목적지에 도달하게 됩니다. "강하 3분 전 모두 일어서!"라는 명령이 떨어집니다. 두근거리는 가슴을 안고 바짝 긴장되어 순식간에 모두 일어섭니다. 다시 "생명줄 걸어!"라는 명령과 함께 "죽어도 좋습니까?"라는 물음에 하늘이 떠나갈 듯 "예!"라고 응답합니다. 다시 애인 이름 복창과 함께 "뛰어! 뛰어! 뛰어!"라는 명령에 날아가는 비행기 문 앞에 서서 세찬 바람을 맞으며 병사들이 순식간에 푸르른 창공으로 뛰어듭니다. 비행기 속도와 바람에 순식간에 날아가게 됩니다. 일순간 아래로 순식간에 쭉 빨려들면서 소름이 쫙 끼칩니다. 말로는 그 소름을 표현하기가 어렵습니다.

그건 그렇고요. 비행기에서 뛰어내릴 때 애인 이름 복창했는데 제 애인 이름이 무엇인지 알고 있습니까? 공개하면 안 되는데, 오늘 여러분들에게만 특별히 말씀드립니다. 제 애인 이름은 "마리아"입니다. 성모님 이름 "마리아"를 크게 부르면서 도와달라고 외쳤습니다. 성모님의 도우심과 덕분에 이렇게 신부가 되었습니다. 비행기에서 창공에 뛰어내리면 잠시 아래로 쭉 빨려들면서 온몸에 소름이 쫙 끼치면서 순간에 덜컹하면서 몸이 하늘로 치솟습니다. 드디어 "퍼드덕" 하면서 낙하산이 펴집니다. 휴, 이젠 살았구나. "하느님 감사합니다! 감사합니다!"라는 기도가 절로 나옵니다. 비로소 여기저기 둥둥 떠다니는 옆친구들의 낙하산을 봅니다. 땅을 내려다 봅니다. 성냥갑 같은 집들이 옹기종기 보이고 강산이 보입니다. 참으로 아름답습니다. 기분도 좋습니다. 낙하산이 바람에 둥둥 하늘로 치솟아 날아갑니다. 오늘은 이만하고 다음에 말씀드리겠습니다.

오늘은 주님 승천 대축일입니다. 하늘로 오르시는 예수님, 아마 낙하산 타신 기분이었을 것입니다. 제자들과 점점 멀어져 갈 때, 아쉽지만, 하늘 아버지께로 두둥실 떠오르시는 예수님, 나팔소리 나는 가운데 하늘나라로 개선하시는 예수님이십니다. 그래서 오늘 화답송에서 이렇게 노래합니다. "환호 소리 가운데 하느님이 오르신다. 나팔소리 가운데 주님이 오르신다.", "모든 민족아, 손뼉을 쳐라. 기뻐 소리치며 하느님께 환호하여라. 주님은 지극히 높으신 분, 경외로우신 분, 온 세상의 위대하신 분이시다."

형제자매 여러분, 주님의 승천은 영광입니다. 왜냐하면, 우리 주님께서 이제 세상의 여정을 다 마치시고 하느님 아버지께 축하와 상급을 받는 날이기 때문입니다. 인류를 위해서 스스로 십자가를 지시고 골고타를 오르시고 처절한 십자가의 죽음을 통해서 속죄의 제사를 봉헌하셨습니다. 또 말씀하신 대로 사흘 만에 부활하심으로써 참 하느님이심을 증명하셨습니다. 이런 과업을 완수하신 예수님께 하느님 아버지께서 내리시는 포상이 바로 주님의 승천입니다. 승천하신 예수님께 성부 오른편에 좌정하시는 영광을 주셨습니다.

형제자매 여러분, 우리 주님께서는 제자들이 지켜보는 가운데 영광스럽게 하늘나라로 올라가셨습니다. 왜 주님께서 승천하셨겠습니까? 이 주님 승천의 목적은 첫째, 예수님께서는 죄와 죽음의 승리자로서 하늘나라의 문을 열어 주시기 위해서입니다. 우리보다 앞서가심은 무엇보다도 하늘나라의 문을 여시어 길을 트기 위해서입니다. 하늘나라의 길에 대한 개통식 날이 바로 주님께서 승천하신 날입니다. 그래서 주님께서는 하느님과 사람 사이의 중개자가 되셨습니다. 성부 오른편에 좌정하시어 세상의 심판자가 되셨습니다. 그리고 하늘과 땅의 주님이 되셨습니다. (승천 감사송 참조) 그리고 둘째로, 주님이 승천하신 목적은 하늘나라에 우리 자리를 마련하시기 위해서입니다. 요즘 우리는 식당이나 음악회나 중요한 자리에 가기 위해서는 예약을 미리 해야 합니다. 예약을 미리 하지 않으면 들어가지도 못합니다. 그런데 우리 주님께서 하늘나라에 우리 자리를 예약해 놓으시니 얼마나 든든하겠습니까? 그러므로 예수님의 말씀을 열심히 믿고 따르고 실천해야 하겠습니다.

　셋째로, 주님께서 승천하신 목적은 "내가 떠나는 것이 너희에게 이롭다. 내가 떠나지 않으면 보호자께서 너희에게 오지 않으신다."(요한 16, 7)는 말씀대로 우리 주님께서 먼저 가심은 하느님의 선물인 성령을 보내주시기 위해서입니다. 그리고 마지막으로 주님께서 승천하신 이유는 우리의 희망을 하늘에 두도록 하기 위해서입니다. 그래서 오늘 승천 감사송에서는 "저희 머리이시고 으뜸이신 분이 앞서가심은, 비천한 인간의 신분을 떠나시려 함이 아니라, 당신 지체인 저희도 희망을 안고 뒤따르게 하심이옵니다."라고 밝히고 있습니다. 그러므로 우리는 언제나 천상고향을 바라보며 희망 속에서 이 세상을 기쁘게 살아가야 하겠습니다.

형제자매 여러분, "갈릴레아 사람들아, 왜 하늘을 쳐다보면서 있느냐? 너희를 떠나 승천하신 저 예수님께서는, 너희가 보는 앞에서 하늘로 올라가신 모습 그대로 다시 오실 것이다."(사도 1, 11)라는 천사의 말씀을 생각하면서 하늘만 쳐다보고 있을 것이 아니라, 현실로 돌아와 오늘 복음 말씀을 실천해야 하겠습니다. "그리스도는 고난을 겪고 사흘 만에 죽은 이들 가운데에서 다시 살아나야 한다. 그리고 예루살렘에서부터 시작하여, 죄의 용서를 위한 회개가 그의 이름으로 모든 민족에게 선포되어야 한다. 너희는 이 일의 증인이다."(루카 24, 46-48)라는 말씀을 실천해야 하겠습니다. 이 일의 증인으로서 복음 선포는 온 세상의 모든 민족에게 해당이 됩니다. 그러므로 예수님께서 승천하시기 직전에 당부하신 말씀, 예수님의 유언을 꼭 실천함으로써 하늘나라에 보화를 많이 쌓는 현명한 신앙인이 되어야 하겠습니다.

> "너희는 이 일의 증인이다."(루카 24, 48) 아멘!

인생 역전

형제자매 여러분, 인생 역전하면 생각나는 것이 무엇입니까? "로또", 로또가 인생 역전이 될 수 있겠지만, 요즘 로또는 인생 역전이 아니라, 패가망신, 인생 폐인 자동단말기입니다. 형제자매 여러분, 유행가 중에 〈못 간다고 전해라〉의 노래 주인공이 누구인지 알고 계십니까? 한때 신문과 방송에 "대박 났다 전해라!", "대박 스타 ○○○!" "무명가수 ○○○ 몸값 6배 뛰었다고 전해라!" 누구신지 아시겠지요? 〈백 세 인생〉이란 노래를 부른 가수 이애란 씨입니다. 그 가사를 보면 참 재미있습니다.

육십 세에 저세상에서 날 데리러오거든
아직은 젊어서 못 간다고 전해라.
칠십 세에 저세상에서 날 데리러오거든
할 일이 아직 남아 못 간다고 전해라.
팔십 세에 저세상에서 날 데리러오거든
아직은 쓸만해서 못 간다고 전해라.
구십 세에 저세상에서 날 데리러오거든
알아서 갈 테니 재촉 말라 전해라.

백 세에 저세상에서 날 데리러오거든
좋은 날 좋은 시에 간다고 전해라.
아리랑 아리랑 아라리요
아리랑 고개를 또 넘어간다.
팔십 세에 저세상에서 또 데리러오거든
자존심 상해서 못 간다고 전해라.
구십 세에 저세상에서 또 데리러오거든
알아서 갈 텐데 또 왔냐고 전해라.
백 세에 저세상에서 또 데리러오거든
극락왕생할 날을 찾고 있다 전해라.
백오십에 저세상에서 또 데리러오거든
나는 이미 극락세계 와 있다고 전해라.
아리랑 아리랑 아라리요
우리 모두 건강하게 살아가요.

형제자매 여러분, 현재를 살아가고 있는 우리에게 와 닿는 가사입니다. 이 〈백 세 인생〉이란 노래 때문에 이애란 씨는 25년 무명가수에서 국민가요 가수가 되었습니다. 꽃다운 나이에 1990년 드라마 〈서울 뚝배기〉로 가요계에 입문했지만, 자신이 부른 노래 한 곡 없이 무명가수로 남의 노래만 부르다가 2006년 첫 음반인 〈천년의 사랑〉을 냈지만 잘 안되었다고 합니다. 가수 사회에서 자리를 잡기란 참으로 힘들었다고 합니다. 그래서 몇 번이나 가수 생활을 접으려고 했다가 다시 하기를 반복하다가 트로트계의 인맥 덕에 시장바닥이라도 불러주는 곳이면 어디든 가서 노래하면서 참고 버텼다고 합니다. 그런데 이애란 씨의 삶이 바뀐 것은 2011년 〈백 세 인생〉 작곡가 김종완 씨를 만난 이후부터라고 합니다. 김종완 씨가 작곡을 하고, 가수 이애란 씨가 부른 〈백 세 인생〉은 한때 고속도로 휴게소에서 가장 많이 팔리는 노래 1위가 된 적도 있었습니다.

형제자매 여러분, 가수 이애란 씨는 〈백 세 인생〉이라는 노래 덕분에 인생 역전이 되었다면, 여러분들은 어떻게 해서 인생 역전을 하시겠습니까? 오늘 인생 역전하는 방법을 가르쳐 드리겠습니다. 그것은 오늘 독서와 복음 말씀을 잘 읽어 보시면 누구든지 인생 역전을 할 수 있습니다. 먼저 오늘 첫 번째 독서를 보면 "오순절이 되었을 때 사도들은 모두 자리에 모여 있었다. 그런데 갑자기 하늘에서 거센 바람이 부는 듯한 소리가 나더니, 그들이 앉아 있는 온 집안을 가득 채웠다. 그리고 불꽃 모양의 혀들이 나타나 갈라지면서 각 사람 위에 내려앉았다. 그러자 그들은 성령으로 가득 차, 성령께서 표현의 능력을 주시는 대로 다른 언어들로 말하기 시작하였다. … 그리고 제자들이 말하는 것을 저마다 자기 지방말로 듣고 어리둥절해하였다."(사도 2, 1-5)

그리고 오늘 두 번째 독서에서 바오로 사도는 "성령에 힘입지 않고서는 아무도 '예수님은 주님이시다.' 할 수 없습니다."(1고린 12, 3)라고 말씀하십니다. 그리고 또한 오늘 복음에서 예수님의 제자들은 예수님께서 십자가에 못 박혀 돌아가셨을 때, 우리는 망했다고 생각하면서 모두 다 도망쳤습니다. 더구나 유대인들이 무서워서 다락방에 꼭꼭 숨어 있었는데, 부활하신 주님을 뵙고 그들은 몹시 기뻐했습니다. 그리고 부활하신 주님으로부터 "성령을 받아라. 너희가 누구의 죄든지 용서해 주면 그가 용서를 받을 것이고, 그대로 두면 그대로 남아 있을 것이다."(요한 20, 19-23 참조)라고 하시면서 제자들을 파견하셨습니다.

형제자매 여러분, 이렇게 예수님의 제자들은 성령을 받고 용기백배해서 십자가에 못 박혀 돌아가시고 죽음으로부터 부활하신 예수님이 바로 하느님의 아들이심을 선포했습니다. 이렇게 성령은 제자들에게 있어서 인생 역전을 하도록 해 주었습니다. 여러분도 인생 역전을 하고 싶다면 오늘 성령의 은혜를 충만히 받으십시오. 바로 여러분의 인생이 달라질 것입니다.

오늘 성령 송가에서 노래하듯이 위로 자이신 성령을 받으면 힘 빠진 인생에 생기를 북돋워 줄 것입니다. 무더위에 시원함을, 슬플 때 위로를, 허물들은 씻어 주고, 메마른 땅 물 주시고, 병든 것 고쳐 주시고, 굳은 마음 풀어 주고, 차디찬 맘 데우시고, 빗나간 길 바루기 때문입니다. 더 나아가 덕행 공로 쌓게 하고 구원의 문 활짝 열어 영원 복락 주시기 때문입니다. 바로 성령의 은혜를 충만히 받으면 구원의 천국 문이 활짝 열려 영원한 행복을 누릴 수 있기 때문입니다. 형제자매 여러분, 이것이 인생 역전이 아니고 무엇이겠습니까? 이렇게 누구든지 성령의 은혜를 듬뿍 받으면 인생 역전을 할 수 있습니다.

형제자매 여러분, 이렇게 성령은 하느님의 힘, 에너지입니다. 하느님의 힘을 받으면 안 되는 것이 없습니다. 동정녀 마리아가 잉태하여 예수님을 낳았듯이 말입니다. 자동차에서 배터리가 방전되면 차 시동을 걸 수 없습니다. 다시 충전해야 합니다. 이와 마찬가지로 방전된 배터리에 재충전하는 것, 바로 성령을 받는 것입니다. 형제자매 여러분, 오늘 성령의 은혜를 충만히 받고 방전된 인생을 재충전하시기 바랍니다. 그래서 모두 신바람 나는 신앙 생활하시기 바랍니다.

형제자매 여러분, 제자들은 목숨을 바쳐 순교하기까지 용감하게 주님을 증언했습니다. 이렇게 성령은 힘과 용기를 줍니다. 또한, 성령은 여러 나라 사람들이 모였지만 다 알아듣고 일치를 이루었듯이 성령은 하나가 되게 합니다.

그러므로, 형제자매 여러분, 오늘 성령강림 대축일을 맞이하여, 한 분도 빠짐없이 성령의 은혜를 충만히 받음으로써, 인생 재충전하시고 인생 역전하시기를 간절히 빕니다. 그리고 더 나아가 사도들을 본받아서 정말로 힘차게 냉담자 회두를 비롯해서 전교를 열심히 하시기 바랍니다. 또한, "성령은 하나가 되도록 한다."라고 했습니다. 분열이나 다툼이 있는 곳에는 절대로 성령이 역사하시지 않습니다. 어떠한 처지에서든지 기도하면서 하나가 되도록 힘쓰는 풍기성당 가족이 되시기를 기원합니다.

"오소서, 성령님. 저희 마음에 오소서!" 아멘!

연중 시기

주님을 따르는 길

　형제자매 여러분, 혹시 원숭이를 잡는 방법을 알고 계십니까? 그 방법은 아주 간단합니다. 먼저 알맞은 나무통 하나를 준비해서 단단히 나무에 묶어 끌고 갈 수 없도록 한 다음, 매여 있는 통에 원숭이의 손이 들어가 먹이를 하나 간신히 꺼낼 수 있을 정도의 구멍을 뚫고, 그 통 안에는 원숭이가 가장 좋아하는 먹이(바나나, 과일)를 많이 넣어 둔다고 합니다. 그러면 원숭이가 나무통 가까이 와서 먹이 냄새를 맡고 구멍 안에 가득 들어 있는 맛있는 먹이를 보고는 그 통 주변을 한없이 뱅뱅 돈다고 합니다. 그러다가 손을 그 구멍으로 넣어 작은 과일 조각 하나를 꺼내서 입에 넣어 보고는 그만 환장을 합니다. 눈을 깜박거리면서 손을 깊숙이 넣어 잡을 수 있는 만큼 먹이를 한 움큼 가득 잡는다는 것입니다. 그리고 손을 빼려고 하니 손이 빠지지 않습니다. 원숭이는 왜 손이 통에서 빠지지 않는지를 모릅니다. 그래서 원숭이는 손을 먹이통에 넣은 채 뱅글뱅글 돕니다. 덫을 놓았던 사람이 이것을 보고 걸렸다고 생각하고 좇아오면 원숭이는 도망을 쳐야겠는데 손이 빠지지 않아서 도망칠 수가 없습니다. 그냥 안타깝게 어쩔 줄 몰라 하다가 원숭이는 눈이 말똥말똥한 채로 잡히고 만다고 합니다.

형제자매 여러분, 이런 방법으로 원숭이를 생포한다면 대단히 쉽습니다. 이렇게 원숭이는 멍청합니다. 우리는 어떻습니까? 자기 자신만 알고 자기가 잡은 것을 놓지 못해서 그 자리에서 뱅뱅 돌다가 잡히는 원숭이처럼, 탐욕 마귀에게 붙잡히는 사람이 얼마나 많은지 알고 계십니까? 그런 의미에서 오늘 주님을 따르는 길을 제시하는 복음 말씀에 귀를 기울이시면 좋겠습니다.

형제자매 여러분, 오늘 복음 말씀을 보면, 어떤 사람이 예수님께 "어디를 가든지 스승님을 따르겠습니다." 스스로 자원하여 조건 없이 어떤 처지에서든지 완전히 자신을 봉헌하겠다는 약속을 합니다. 그런데 예수님께서는 "여우도 굴이 있고 하늘의 새도 보금자리가 있지만, 사람의 아들은 머리 둘 곳조차 없다."라고 말씀하십니다. 그 사람은 주님을 따르는데 안정적으로 지낼 수 있는 집과 안락함, 세상의 물질적인 안락을 원했습니다. 그러나 주님은 "집도 없다. 아버지 하느님께서 부르시면 즉시 떠나야 할 방랑객임을 말하고 있습니다. 주님께서 말씀하시는 집은 저세상, 하느님 아버지의 하늘나라임을 말씀해 주고 있습니다. 따르겠다는 사람은 이 세상의 부귀영화를 원하는 착각 속에서 그렇게 말했던 것 같습니다.

그리고 또 예수님께서는 다른 사람에게도 역시 "나를 따라라."라고 말씀하셨습니다. 그러나 그는 "주님, 먼저 집에 가서 아버지 장사를 지내게 허락해 달라."는 것이었습니다. 따르겠다는 이의 조건이 장사지내는 것만이 아닙니다. 돌아가실 때까지 아버지를 보살피고 가족을 돌봄으로써 아버지를 편안히 모시고 싶다는 것입니다. 곧 효자가 되겠다는 것입니다. 그리고 부모님이 다 돌아가시면, 그때 비로소 예수님을 따르겠다는 것입니다. 부모님 은혜도 갚고 효도도 해야겠다. 그리고 더 나아가 유산도 받아 챙기겠다는 것입니다. 그런 사람에게 예수님께서는 "죽은 자들의 장례는 죽은 자들에게 맡겨 두고 하느님 나라를 알리라는 것"입니다. 하느님이 부르시면 그대로 따라야지 조건이 있어서는 안 된다는 것입니다. 하느님의 부르심에 무조건 순종해야 한다는 것입니다. 하느님을 따르기 위해 가족까지 버리고 포기해야 한다는 것입니다. 이렇게 인간적인 굴레를 벗어나야 자유롭게 부르심에 응답할 수 있다는 것입니다. 하느님의 부르심은 징집명령이고 동원령이기 때문에 영혼의 죽음 방지를 위한 하늘나라 선포가 더 급하다는 것입니다.

　그리고 똑똑한 또 다른 사람이 주님을 따르겠다고 합니다. 따를 준비는 다 되어 있는데 조건이 있다는 것입니다. "가족들과 아는 이들과 친척들에게 작별인사를 하게 해 달라."라는 것입니다. 예수님께서는 그 사람에게 "쟁기를 잡고 뒤를 돌아보는 사람은 하느님 나라에 들어갈 자격 없다."라고 하십니다. 그리스도를 따른다는 것은 뒤를 돌아보는 것이 아니라, 자기가 부르신 분을 향하여 나아가는 것입니다. 애착을 버리라는 것입니다. 모퉁이 돌 때마다 잠시 멈춰 뒤를 돌아보는 사람은 미래가 아니라 과거에 사는 사람입니다. 그런 사람은 주님을 따르겠습니다. 그러나 지금은 아니고 나중에, 돈 많이 번 다음에, 나이가 지긋이 들은 다음에, 직장 그만두었을 때(퇴직하면), 좀 덜 바쁘면, 부모님 다 돌아가시면, 아들딸 다 장가, 시집보내고, 손자 다 키우고 따르겠다는 것입니다. 곧 하느님 나라는 차선이 아니라 우선으로 선택해야 한다는 것입니다.

형제자매 여러분, 강론 처음에 원숭이 잡는 방법에 대해서 말씀드렸지요. 잡은 먹이를 놓지 못하는 멍청한 원숭이를 생각해 봤습니다만, 우리는 어떻습니까? 자기 자신만 알고 자기가 잡은 것을 놓지 못해서 그 자리에서 뱅뱅 돌다가 원숭이처럼, 탐욕 마귀에게 붙잡히는 사람이 얼마나 많은지 알고 계십니까? 어떻게 보면, 이 원숭이의 모습이 현대를 살아가는 우리들의 모습인 것 같습니다.

그러므로 한 움큼 잡은 손을 놓아야, 놓지 않으면 탐욕의 노예가 됩니다. 그러므로 주님을 따르기 위해선 내려놓고, 포기해야 합니다. 지나친 세상의 제물과 탐욕을 미련 없이 버려야 합니다. 그렇지 않으면 원숭이처럼 잡히고 말 것입니다. 롯의 아내처럼 자꾸 뒤를 돌아보다가 소금기둥이 될 것입니다. 예수님은 십자가에서 모든 것을 버리시고 포기하셨기 때문에 부활을 통해서 자유롭게 되셨습니다. 그러므로 형제자매 여러분,

"쟁기를 잡고 뒤를 자꾸 돌아보는 사람은 하느님 나라에 합당하지 않다."(루카 9, 62)라는 말씀을 명심해야 하겠습니다.

형제자매 여러분, 오늘은 교황님 주일입니다. 교황님은 세계적 종교적, 정치적인 지도자이십니다. 또한, 바티칸시국의 국가 원수이십니다. 가톨릭교회의 최고의 지도자이시면서 로마의 주교이십니다.

그러므로 교황님은 인류와 교회란 큰 배를 하늘나라로 안내하는 선장 같은 중요한 역할을 하고 있습니다. 그러므로 오늘 교황님 주일을 맞이하여 교황님께서 세계 평화와 교회 발전에 이바지하도록 교황님을 위해 기도하고 특별 사목 수행을 위해 도울 수 있도록 해야 하겠습니다. 교황님의 영육 간의 건강을 위해서 이 제사를 통해서 다 함께 열심히 기도합시다. 아멘!

옷에 날개를 달아 하늘나라로

"옷이 날개다."라는 속담이 있습니다. 옷이 좋으면 인물이 한층 더 훌륭하게 보인다는 뜻입니다. 이왕이면 다홍치마라고 사람을 볼 때 얼굴이 얼마나 잘 생겼는가, 옷은 잘 입었는가 그 외모를 봅니다. 남들에게 좋게 보이려면 단정한 차림새가 중요합니다. 첫인상이 좋아야 합니다. 사람은 자기가 입는 옷에 걸맞게 행동을 하게 됩니다. 정장을 하면 말이나 행동도 점잖아집니다. 하지만 반대로 야한 옷을 입으면 야하게 행동을 하고 싶어 합니다. 경찰이나 군인에게 제복을 입히는 이유는 경찰은 경찰 옷을 입고 경찰답게, 군인은 군복을 입고 군인답게 행동할 것을 기대하기 때문입니다. 하여튼 옷은 우리의 삶의 질을 결정하는데, 많은 영향을 미칩니다.

형제자매 여러분, 오늘 제2 독서의 바오로 사도의 말씀을 보면, 여러분 모두는 세례를 통해서 "예수님의 낙인을 내 몸에 지니고 있습니다."(갈라 6, 17) 그렇습니다. 우리는 세례를 통하여 죄를 물로 씻고 용서받음을 통해서 하느님의 자녀가 되었다는 예수님의 도장을 이미 이마에 받았습니다. 그뿐만 아니라, 곧 그리스도인은 그리스도의 옷을 입은 사람입니다. 그러므로 그리스도의 옷을 입은 사람은 그리스도인답게 행동해야 합니다. 그리스도의 옷을 입고 새사람이 되어야 합니다. 바오로 사도의 권면입니다. "여러분은 옛 인간을 그 행실과 함께 벗어 버리고, 새 인간을 입은 사람입니다. 새 인간은 자기를 창조하신 분의 모상에 따라 끊임없이 새로워지면서 참지식에 이르게 됩니다."(골로 3, 9-10)

형제자매 여러분, 어렸을 때 명절이 되면 새 옷을 어머니가 만들어 입혔던 시절이 있었습니다. 그 옷을 때때옷이라고 합니다. 이 옷을 입은 아이들은 음식을 먹으면서도 혹시 음식이 옷에 묻어 더러워질세라 매우 조심스럽게 음식을 먹습니다. 그와 마찬가지로 그리스도 옷을 입은 그리스도인들은 행동을 조심해야 합니다. 또한, 그리스도의 옷을 입은 사람은 앞을 향해 전진하는 사람입니다. 그리스도의 옷을 입은 사람은 하느님 안에서 미래와 희망을 날마다 만들어나가는 사람입니다.

형제자매 여러분, "나무꾼과 선녀" 이야기 아시지요? 나무꾼과 선녀의 현대판 이야기입니다.

여름날 선녀가 더위를 피해 폭포 가에 내려앉아 잠시 목욕을 하고 있었습니다. 이 광경을 보던 나무꾼은 선녀를 붙잡아 놓아야겠다고 생각했습니다. 그래서 나무꾼은 선녀의 옷을 어떻게 했겠습니까? "숨겼다." 모두 다 틀렸습니다. 왜냐하면, 선녀의 옷을 몰래 숨기려고 잡았는데 그 순간 나무꾼은 하늘로 두둥실 날아오르기 시작했습니다. 그 이유가 무엇이겠습니까? 강론 처음에 속담 이야기를 했는데, 무엇이었지요? "옷이 날개다."라는 속담입니다. 옷이 날개였기 때문에 나무꾼이 선녀의 옷을 잡자마자 하늘로 날아오르기 시작했답니다.

형제자매 여러분, 그리스도의 옷을 입은 그리스도인은 옷차림뿐만 아니라, 말과 행동 삶 전체가 옛사람을 벗고 새 사람을 입은 존재가 되어야 합니다. 곧 겸손하고 온유하고 오래 참음이 있어야 합니다. 그러나 이렇게 겸손하고 온유하고 참을성이 많은 사람이 대번에 된다면 얼마나 좋겠습니까? 처음 입는 옷은 단번에 자신의 몸에 맞지 않을 수도 있습니다. 그러나 자주 입다 보면 맞듯이, 겸손하고 온유한 마음으로 자주 행동하고, 오래 참다 보면, 나중에는 진짜 겸손하고 온유하고 오래 참는 사람이 되는 것입니다. 친절로 옷을 입기 위해 억지로라도 다른 사람을 위해서 문도 열어 주고, 배려해 보십시오. 이렇게 친절로 옷을 입으면 나중에는 친절해질 것입니다. 습관이 됩니다. 어떤 교만한 사람이 있습니다. 그는 자꾸 남을 무시합니다. 그러면 그는 억지로라도 겸손하게 자신을 낮추고 상대를 높이는 존댓말을 해 보십시오. 나중에는 겸손이 저절로 몸에 익을 수 있을 것입니다.

  형제자매 여러분, 우리는 다 부족한 사람들입니다. 하느님 앞에서 새 사람으로 살기를 원한다면 사도 바오로의 말씀에 따라 "여러분의 영과 마음이 새로워져, 진리의 의로움과 거룩함 속에서 하느님의 모습에 따라 창조된 새 인간을 입어야 한다는 것입니다."(에페 4, 23-24) 그러므로 형제자매 여러분, 여러분들도 옛날에 받았던 세례를 기억하고 입은 그리스도의 옷을 점검하면서 예수님을 모시고 그 옷에 날개를 달아 나무꾼처럼 하늘나라로 날아올라 가시기 바랍니다. 그래서 언제나 내 안에 오신 예수님을 모시고 천사처럼, 이 세상을 깨끗하게 살면서 열심히 예수님의 사랑과 평화를 오늘 복음의 72제자들처럼 열심히 전하시기 바랍니다.

  "그리스도인은 그리스도의 옷을 입은 사람입니다. 그러므로 그리스도의 옷을 입은 사람은 그리스도인답게 행동해야 합니다." 아멘.

가서 너도 그렇게 하여라

형제자매 여러분, 요즘 날씨가 연일 무척 덥습니다. (폭염 경보까지 내렸는데) 별고 없으십니까? 이 무더운 여름날 눈보라가 휘몰아치는 겨울을 상상해 보십시오. 한결 시원하실 것입니다. 그런 의미에서 추운 한겨울에 일어난 인도의 성자 썬다싱의 일화 중 아주 유명한 일화를 소개할까 합니다.

어느 날 썬다싱이 히말라야산맥을 넘어가고 있는데 그날따라 바람도 세차게 불고 눈도 많이 내리고 있었습니다. 한참을 거센 눈보라를 헤치며 가고 있었는데 길가에 노인 한 사람이 쓰러져 있었습니다. 추위와 배고픔을 견디지 못하고 쓰러진 것입니다. 그대로 두었다가는 얼어 죽을 상황이었습니다. 썬다싱은 가던 길을 멈추고 어떻게 할까 고민을 하고 있었습니다. 그때 마침 건장한 청년이 다가오고 있었습니다. 썬다싱은 그 청년에게 도움을 요청했습니다. "여보시오, 날좀 도와주시오. 이 노인을 그대로 두었다가는 얼어 죽습니다. 그러니 나와 함께 번갈아 가며 이 노인을 업고 갑시다." 그러자 그 청년은 화를 벌컥 내면서 "무슨 말입니까? 우리도 죽을지 모르는 판국에 저런 노인네까지 끌고 가다가는 우리 모두 다 죽게 될 겁니다." 그러면서 거절을 하고 혼자 길을 가 버렸습니다.

하는 수 없이 썬다싱은 노인을 등에 업었습니다. 노인이라지만 몸무게는 만만치 않았습니다. 그렇지만 썬다싱은 함께 살아야 한다는 마음으로 노인을 업고 히말라야산맥을 오르기 시작했습니다. 바람은 거세게 불고 눈보라가 치는 엄청 힘든 상황이었습니다. 그러나 얼마쯤 가서 놀라운 일이 생겼습니다. 눈보라가 치는 추운 날씨지만 썬다싱과 노인의 몸은 서로 부딪히면서 조금씩 열이 나기 시작하더니 땀까지 나면서 추위를 이겨낼 수 있었습니다. 노인도 썬다싱의 따뜻한 체온이 발산되면서 의식을 차츰 회복하게 되었습니다. 두 사람은 서로의 체온으로 조금도 춥지 않았습니다. 무척 힘들었지만, 고개를 넘어 마을까지 무사히 도착할 수 있었습니다. 그런데 마을에 거의 다 왔을 때 길가에 한 사람이 얼어 죽어 있었습니다. 그 사람은 썬다싱의 도움을 거절하고 혼자 길을 떠난 바로 그 청년이었습니다. 건장한 청년도 추위를 견디지 못하고 얼어 죽었지만, 썬다싱과 그 노인은 서로의 몸을 부딪쳐 가면서 죽을 고생을 했기 때문에 서로의 몸에서 나오는 체온으로 거센 눈보라와 추위를 이겨낼 수 있었습니다.

형제자매 여러분, 인도의 성자 썬다싱의 일화를 듣고 무엇을 느꼈습니까? 어떻게 생각하면 오늘 복음의 착한 사마리아 사람이 바로 썬다싱이 아닌가 생각해 봅니다.

　오늘 복음을 보면 "네 이웃을 네 몸같이 사랑하라."라는 계명을 놓고 율법 학자는 이웃을 사랑하는 마음을 갖기보다는 "도대체 그 이웃이 누구인가?"라고 반문을 합니다. 그는 자기의 이웃을 유대인들, 그것도 율법을 엄격히 준수하는 사람들만 이웃이라고 생각하였습니다. 그러나 예수님께서는 착한 사마리아 사람의 비유를 들어 사마리아 사람만이 강도에게 얻어맞은 사람의 상처를 싸매 주고 나귀에 태워 여관으로 데려다 간호해 주었으며 여관집 주인에게까지 돈을 주면서 잘 보살펴 주도록 부탁했다고 말씀하십니다. "자, 그러면 강도를 만난 사람의 이웃이 되어 준 사람은 누구냐?"라고 질문을 던집니다.

　형제자매 여러분, 이 질문의 초점이 무엇입니까? "누가 나의 이웃이냐?"라는 자기중심이 아니라, "누가 이웃이 되어 주었느냐?"라는 이웃 중심으로 바꾸어 놓았습니다. 바로 착한 사마리아 사람이 강도 만난 사람의 이웃이 되어 주었고, 예화에서 썬다싱이 추위에 얼어 다 죽어가는 그 노인에게 이웃이 되어 주었듯이 사랑을 베풀어 이웃이 되어 주라는 것입니다.

　형제자매 여러분, 율법 교사가 예수님께 처음으로 던진 질문이 무엇이지요? "스승님, 제가 무슨 일을 해야 영원한 생명을 얻을 수 있겠습니까?" 형제자매 여러분, 그에 대한 예수님의 대답은 무엇이지요? "너도 가서 착한 사마리아 사람이 한 것처럼 그렇게 하여라."입니다. "너도 가서 썬다싱이 눈보라 추위 속에서 죽어 가는 노인을 등에 업고 내려온 것처럼 그렇게 하여라."입니다.

형제자매 여러분, 이 비유에 나오는 착한 사마리아 사람은 참된 이웃의 모범이 되었습니다. 못 본 척 지나가 버린 사제와 레위인은 지도자의 위치에 있는 유대인 사람들입니다. 이는 율법 교사에게 더더욱 반성의 자료를 제공합니다. 사마리아 사람은 구약시대 때부터 유대인들로부터 경멸당했고 사람 대접을 못 받았습니다. 예수님께서 멸시받는 사마리아 사람을 예로 든 것은 비록 서로 유다인들과 적대시 관계에 있지만, 무 조건적인 사랑, 무제한적인 사랑을 말씀하시기 위해서입니다.

형제자매 여러분, 그러면 바로 아무런 조건 없이 무제한 적인 사랑을 실천한 사마리아 사람은 도대체 누구이겠습니까? 그분은 바로 예수님이십니다. 주님은 상처 입은 인간을 싸매 주시고 위로해 주십니다. 그분은 아무런 죄도 없이 우리 죄인을 위해서 십자가에 대신 죽기까지 하셨습니다.

형제자매 여러분, 그런데 그런 예수님을 믿고 따른다고 하면서 이웃의 아픔을 못 본 채 지나쳐 버린다면 참으로 하느님을, 주님을 사랑한다고 말할 수 있겠습니까? 다 죽어가는 사람을 못 본채 피해서 지나가 버린 사제나 레위인처럼 비난받을 것입니다. 예화에서 썬다싱의 도움을 거절하고 혼자 살기 위해서 지나친 그 청년은 어떻게 되었습니까? 결국, 얼어 죽고 말았듯이 죽음으로 치닫는다는 것을 명심해야 하겠습니다.

형제자매 여러분, 하느님을 사랑하고 이웃을 사랑하는 것은 형식적인 것이 아니라, 이웃이 필요할 때 자기 자신을 기꺼이 내주어 참다운 이웃이 되어 주는 것입니다. 오늘 주님께서 말씀하십니다. 착한 사마리아 사람이 한 것처럼 "가서 너도 그렇게 하여라."(루카 10, 37)라고 말씀하십니다. 인도의 성자 썬다싱이 한 것처럼 "가서 너도 그렇게 하라"고 말씀하십니다. 다 함께 따라 해 봅니다.

"가서 너도 그렇게 하여라."(루카 10, 37) 아멘.

마르타와
마리아의 사랑

형제자매 여러분, 한 청년이 매일같이 빵집을 들러 식빵을 사 갔습니다. 얼굴이 창백한 그는 늘 식빵만 찾았습니다. 빵집 여주인은 영양가가 부족한 빵만 사 먹는 그 청년을 볼 때마다 측은한 생각이 들었습니다. 어느 날 그녀는 청년도 모르게 빵에 버터를 듬뿍 발라서 그에게 주었습니다. 그런데 그날 저녁, 청년은 빵집을 찾아와 불같이 화를 냈습니다. 그러다가 마침내는 좌절한 표정으로 맥없이 주저앉고 말았습니다. 도대체 무슨 일 때문이겠습니까?

사실 그는 도시 계획의 설계 공모에 제출하려고 오랫동안 설계도 작업을 해 오고 있었습니다. 그래서 설계도의 지우개로 사용하려고 지금까지 식빵을 사 갔는데, 하필 마무리 작업을 하던 바로 그날 저녁, 그 버터 빵 때문에 설계도를 모두 망쳐 버린 것입니다.

형제자매 여러분, 우리의 일상생활에서도 이러한 일이 적지 않습니다. 상대방의 처지는 전혀 모르는 채, 그를 위하여 무언가를 해 준다고 한 것이 오히려 방해가 되기도 합니다. 사랑이란 상대방을 이해하고 그를 중심으로 삼는 것입니다. 그래서 참된 사랑에 필요한 것은 헤아림입니다. 이것이 없는 사랑은 상대방을 힘들게 합니다.

형제자매 여러분, 오늘 복음에서는 예수님을 향한 두 가지 사랑을 볼 수 있습니다. 마르타와 마리아의 사랑입니다. 마르타의 사랑은 예수님께서 지금 바라시는 것을 알지 못한 채 드리는 사랑입니다. 예수님께서는 지금 하느님 나라에 대하여 말씀하고 싶어 하시는데, 그녀는 그것에 대해서는 듣는 둥 마는 둥 시중만 들고 있습니다. 그러나 마리아는 다릅니다. 예수님께서 원하시는 바로 그 일을 하고 있습니다. 우리의 사랑은 어떻습니까? 자기중심적인 사랑으로 오히려 상대방을 힘들게 하고 있지는 않습니까?

역시 기도도 마찬가지입니다. 그러면 어떻게 기도해야 하겠습니까? 기도에는 실천이 뒤따라야 합니다. 더 나아가 하느님과 상대방을 헤아릴 줄 알아야 합니다. 아무리 열심히 기도한다 해도 가정에 소홀히 한다면 제대로 기도한 것이 아닐 것입니다. 기도의 실험 장소는 가정이기 때문입니다. 성당에서 봉사활동, 단체활동을 열심히 해도 가족을 잘 대하지 못한다면 잘 사는 신앙인이 아닐 것입니다. 친근한 분위기에서 온화하게 가족들과 대화하는 것이 기도를 잘하는 것일 것입니다. 특히 짝 교우 여러분은 이 점을 명심하셔야 합니다. "과연 남편이, 아니면 아내가 나에게 바라는 것이 무엇인가?"를 먼저 생각해야 할 것입니다. 가족이 바라는 신앙생활, 하느님을 믿는 사람의 태도 말입니다. 성당에서의 기도 내용과 실제로 가정과 사회생활이 다르기 때문입니다. 그래서 가족이 성당에 나오는데 등을 돌리는 경우가 허다합니다. 그러므로 가족과 이웃에게 감동을 주는 신앙생활을 해야 합니다. 주님이 원하는 기도와 삶을 살아야 합니다. 그러므로 식빵 사건의 예처럼, 자기 생각엔 잘한다고 돕는다고 한 짓이지만, 오히려 가족과 하느님께는 불편을 주는 신앙생활을 해서는 안 될 것입니다. 이제 자기중심적인 사랑과 신앙생활이 아니라 하느님 중심과 이웃 중심, 가족 중심으로 바뀌어야 합니다. 살레시오 성인은 신앙생활로 부부간의 평화가 깨지고, 애정이 식는다면 그것은 올바른 신앙생활이 아니라고 했습니다. 왜냐하면, 가정의 평화는 곧 신앙생활의 결과이기 때문입니다.

형제자매 여러분, 봉쇄 수도원 아시지요? 예를 들면 가르멜 수녀원처럼 이 사회와 완전히 단절된, 봉쇄된 담장 안에서 기도와 일만 하면서 사는 수도원을 말합니다. 기도가 주된 임무입니다. 이런 수도원을 관상수도원, 아니면 관상 봉쇄 수도원이라고 합니다. 그렇다면 일반수도원을 활동수도원이라고 부릅니다. 어떤 수녀님 이야기입니다.

처음엔 관상 봉쇄 수녀원에 들어가려 했는데, 어쩌다가 일이 많은 활동 수녀원에 들어갔답니다. 할 줄 아는 게 밥하는 것뿐이라 처음에는 수녀원 본원 주방 소임이 맡겨졌습니다. 그 다음번 소임도 또 학교 기숙사 주방 담당이었습니다. 형제자매 여러분, 그다음 소임이 무엇인지 알고 계십니까? 역시나 병원 식당이었답니다. 수도 생활 대부분을 채소나 파 다듬고, 나물 무치고, 밥하고 국 끓이고 김치 담그고 이렇게 하다 다 보내고 나니 회의가 몰려들더랍니다. '내가 밥하려고 수녀원에 들어왔나?' 그럴 만도 하시겠지요. 어느 날 성당 감실 앞에서 묵상기도 중에 이런 생각이 들었답니다. 수녀원에 와서 오늘 복음에 나오는 '마리아가 되고 싶었는데 결국 마르타처럼 한평생을 살아왔구나.' 예수님께서 정작 필요한 것은 한 가지뿐이라며 마리아를 칭찬하셨는데, 예수님도 마르타와 같은 자기를 무시하시는 듯해서 몹시 속이 상했답니다. 급기야 오기로 예수님께 이런 기도를 드렸습니다. "예수님, 제가 마르타면 어떻습니까? 지들이 다 내 밥 먹고 일하고, 공부하고, 치료하고, 기도한 거잖아요? 예수님, 맞지요?"

형제자매 여러분, 예수님께서 뭐라고 말씀하셨겠습니까? 형제자매 여러분, 이렇게 수녀님께서는 소임을 받아서 한평생 부엌에서 일했습니다만, 그 일이 바로 우리 주님이 원하시는 삶이었습니다. 그러기에 이 수녀님은 기쁘게 부엌 도마 앞에서 기도를 바쳤습니다. 수녀님의 희생은 손을 베면서 다듬은 생선 구이로 바쳐졌습니다. 그 수녀님의 봉헌은 배추를 절여가면서 들어 높여졌습니다. 마르타면 어떻습니까? 마르타야 말로 참 좋은 몫을 택했다고 주님께서 선언해 주실 것입니다. 형제자매 여러분, 그렇지 않습니까?"

형제자매 여러분, 그러므로 우리는 일상생활 속에서 주님께서 원하시는 삶을 살아야 하겠습니다. 더 나아가 주님께서 기쁘게 들어주실, 하느님의 뜻에 맞는 기도를 드릴 수 있는 신앙인이 되어야 하겠습니다. 예를 들면, 밥할 때, 빨래할 때, 일할 때, 공부할 때 말입니다.

다음은 정연복 시인이 쓴 시인데 제목은 〈밥할 때의 기도〉입니다.

직장에 다니는 아내 대신 / 대개는 제가 밥을 짓습니다
쌀과 몇 가지 잡곡 두어 공기를 / 대충 비율을 맞추어 씻어
전기밥솥에 넣으면 / 그다음은 자동입니다
참 편리합니다 / 아주 간단한 일입니다
하지만 밥을 하고 나면 / 왠지 뿌듯한 느낌이 듭니다
이 밥을 가족이 먹을 거라 생각하면 / 무척 행복합니다
오, 주님!
앞으로도 밥 짓는 일 / 귀찮아하지 않게 해 주세요
더 맛있고 영양가 있는 밥 / 짓는 법을 연구하게 해 주세요
제가 조금만 노력하면 / 쉽게 할 수 있는 일이잖아요.

다음 글의 제목은 〈빨래를 널면서 드리는 기도〉입니다(무명인).

하느님 아버지, 빨래를 널면서 아버지의 마음을 생각합니다. 식구들의 옷가지를 빨랫줄에 널면서 식구들의 얼굴을 떠올리며 미소 짓는 이 순간이 얼마나 행복한지요! 빨래를 널 때마다 당신이 주신 가족에 감사하며 가장 가까이에서 호흡을 같이하는 가족들을 잘 돌보고 섬겨야 함을 상기할 수 있도록 이끌어 주시옵소서. 빨래를 널 때마다 식구들의 옷자락 가운데 스며있는 숨은 마음들도 헤아릴 수 있도록 우리의 마음을 변화시켜 주시옵소서. 빨래를 널 때마다 이 옷을 입는 아이와 남편을 위해 기도하듯이 우리의 일상이 늘 이웃들을 향한 중보가 되게 하여 주소서, 아멘.

형제자매 여러분, 이렇게 일하면서 일상생활 속에서 스스럼없이 기도하는 사람이 참다운 신앙인이 아니겠습니까?

형제자매 여러분, 오늘은 교회에서 제정한 농민 주일입니다. 또한, 농민 특별 사목을 위해서 2차 헌금을 하는 날입니다. 무더운 날씨에도 우리 모두의 먹거리를 생산하기 위해서 수고하시는 농민들을 생각하면서 감사하는 마음을 가져야 하겠습니다. 그리고 농민들이 수고한 합당한 권익을 보장받고 우리 모두의 생명을 살리는데 이바지한다는 자부심과 긍지를 가지고 살아갈 수 있도록 이 제사를 통해서 열심히 기도하시면 좋겠습니다, 아멘!

성당 벽에 적혀 있는
주님의 기도

형제자매 여러분, 우리는 자주 주님의 기도를 바칩니다. 오늘 복음에서 예수님께서는 제자들의 요청에 따라 주님의 기도를 가르쳐 주셨습니다. 이렇게 주님의 기도는 예수님께서 직접 제자들에게 가르쳐 주신 기도로써 가장 모범 된 기도이고, 가장 완전한 기도입니다. 또한, 기도의 모델입니다. 그러나 우리는 이 기도를 자주 많이 바칩니다만, 과연 "주님의 기도"의 정신에 따라서 기도하고 있는지 한번 반성해 봐야 할 것입니다. 그런 의미에서 우루과이의 작은 마을 성당 벽에 적혀 있는 〈주님의 기도〉에 대한 글을 여러분들에게 소개해 드리겠습니다.

"하늘에 계신"이라고 하지 마라
세상일에만 빠져 있으면서…
"우리"라고 하지 마라
너 혼자만을 생각하며 살아가면서…
"아버지"라고 하지 마라
아들딸로 살아가지 않으면서…

"아버지의 이름이 거룩히 빛나시며"라고 하지 마라

자기 이름을 빛내기 위해 살면서…

"아버지의 나라가 오시며"라고 하지 마라

물질 만능의 나라를 원하면서…

"아버지의 뜻이 하늘에서와같이 땅에서도 이루어지소서."
라고 하지 마라

내 뜻대로 되기를 기도하면서…

"오늘 저희에게 일용할 양식을 주시고"라고 하지 마라

죽을 때까지 먹을 양식을 쌓아 두려 하면서…

"저희에게 잘못한 이를 저희가 용서하오니 저희 죄를 용서
하시고"라고 하지 마라

누구엔가 앙심을 품고 있으면서…

"저희를 유혹에 빠지지 않게 하시고"라고 하지 마라

죄지을 기회만 찾으면서…

"악에서 구하소서"라고 하지 마라

악을 보고서도 아무런 양심의 소리를 듣지 않으면서…

"아멘"이라고 하지 마라

주님의 기도를 진정 나의 기도로 바치지 않으면서…

아멘.

형제자매 여러분 공감하십니까? 주님의 기도를 수없이 바치
지만, 건성으로 진정 나의 기도로 바치지 않았음을 고백해야
하겠습니다. 또한, 우루과이 성당 벽 〈주님의 기도〉에서 꼬집

어 주듯이 주님의 기도 정신에 반대되는 이기적인 마음으로 바쳤음을 진심으로 반성해야 하겠습니다. 형제자매 여러분, 이제 진정 '주님의 기도'의 뜻을 새기면서 '주님의 기도'의 정신에 따라 기도할 수 있도록 노력해야 하겠습니다.

형제자매 여러분, 강요셉이라는 신자가 모 회사에 다니고 있었습니다. 그런데 그분의 상사는 성질이 까다롭고 급해 그가 작은 실수만 해도 심하게 야단을 치곤 했습니다. 그래서 그는 친구를 만날 때마다 "그 상사 때문에 회사를 그만둬야겠다."라고 말하곤 했습니다. 그런데 하루는 너무나 부당하게 야단을 맞았습니다. 그래서 강요셉 씨는 이제, 그만 끝장을 내야겠다고 마음먹고 마지막으로 신부님께 말씀드렸습니다.

형제자매 여러분, 과연 신부님께서 뭐라고 말씀하셨겠습니까? 신부님께서는 오히려 상사와 화목하게 사는 비결을 가르쳐 주셨습니다. 그는 그대로 해 보기로 했습니다. 상사가 또 부당하게 야단을 쳤습니다. 그는 마음속으로 주님의 기도를 바쳤습니다. "하늘에 계신 우리 아버지, 상사가 또 괴롭혔습니다." 그는 또 기도했습니다. "우리가 잘못한 이를 우리가 용서하오니…" 상사는 여전히 그에게 불친절했습니다. 그는 그럴 때마다 상사를 하느님의 이름으로 축복했습니다. 언젠가 상사가 크게 변화되리라 믿으며 참고 기도했습니다.

형제자매 여러분 어떻게 됐을까요? 그런데 상사는 변화되지 않았습니다. 대신 그가 변화되었습니다. 상사를 미워하던 마음이 사라졌습니다. 상사를 진정으로 사랑하는 마음이 생겨났습니다. 그의 얼굴에는 이제 평화가 넘쳤습니다. 그런 그의 모습을 보고 상사도 변화되었습니다.

형제자매 여러분, "누구든지 청하는 이는 받고, 찾는 이는 얻고, 문을 두드리는 이에게는 열릴 것이다."(루카 11, 10)라는 주님 말씀을 생각하면서 열심히 항구하게 끊임없이 기도해야 하겠습니다. 조금 전 예화에서 기도를 통해서 내가 먼저 변화되고 상대방까지 변화될 수 있도록 항구하게 기도해야 하겠습니다.

형제자매 여러분, 요즘 날씨가 무척 덥습니다. 이 더위에 목이 탑니다. 무엇이 생각나십니까? 시원한 맥주, 시원한 막걸리 한잔 어떻습니까? 캬아, 어 시원하다! 형제자매 여러분, 기도가 무엇입니까? 기도란 목마름을 해결하는 것입니다. 타들어 가는 목마름을 해결하기 위한 간절함이 있어야 합니다. 그래서 아오스딩 성인은 "기도란 하느님의 목마름과 인간의 목마름이 만나는 것이다."라고 말씀하셨습니다. 정말로 간절하게 찾고 문을 두드려야 합니다.

한번 따라 해 봅시다!

> "기도란 하느님의 목마름과 인간의 목마름이 만나는 것이다."
> "누구든지 청하는 이는 받고, 찾는 이는 얻고, 문을 두드리는 이에게는 열릴 것이다."(루카 11, 10) 아멘.

어느 아버지의 상속재산

형제자매 여러분, 오늘은 〈어느 아버지의 상속재산〉이라는 이야기로 강론을 시작하겠습니다.

서울에 거주하는 한 아버지가 4남매를 잘 키워 모두 대학을 졸업시키고 시집, 장가를 다 보내고 한 시름 놓게 되자 그만 중병에 걸린 사실을 알게 되었습니다. 그래서 하루는 자식과 며느리 딸과 사위를 모두 불러 모아 놓고 "내가 너희들을 키우고, 대학 보내고 시집, 장가보내고 사업을 하느라 7억 정도 빚을 좀 졌다. 알다시피 내 건강이 안 좋고 이제 능력도 없으니 너희들이 얼마씩 좀 갚아다오. 이 종이에 얼마씩 갚겠다고 좀 적어 보아라."라고 했습니다. 아버지 재산이 좀 있는 줄 알았던 자식들은 서로 얼굴만 멀뚱히 쳐다보고 아무 말이 없는데… 형제 중 그리 잘 살지 못하는 둘째 아들이 종이에 5천만 원을 적었습니다. 그러자 마지못해 나머지 자식들은 경매 가격을 매기듯 큰아들이 2천만 원, 셋째 아들이 1천5백만 원, 딸이 1천만 원을 적었습니다. 다 합해서 9천5백만 원밖에 안 되었습니다. 그 이후로 문병 한번 없었습니다. 그 흔한 핸드폰으로 안부를 묻는 전화도 한 통도 없었습니다. 그래서 아버지는 비장한 각오로 자식들을 다시 모두 불러 모았습니다. 그런데 이번에는 며느리, 사위는 오지 않았고 4남매만 왔습니다. 비로소 아버지는 입을 열어 자식들에게 말했습니다.

"내가 죽고 나면 너희들이 얼마 되지 않는 유산으로 싸움질하고 형제간 반목할까 봐 전 재산을 정리하고 공증까지 마쳤다. 지난번에 너희가 내 빚을 갚겠다고 적어준 액수의 다섯 배를 지금 너희에게 유산으로 준다. 이것으로 너희들에게 내가 줄 재산 상속은 끝이다."라고 말씀하셨습니다. 그러니까 장남이 얼마지요? 장남 1억 원, 둘째 2억5천만 원, 셋째 7천5백만 원, 딸 5천만 원이지요. 그리고 나머지 30억 원은 사회에 기부한다고 말했습니다. 이 말씀을 듣고 자식들은 그만 아연실색했습니다. 후회한들 무슨 소용이 있겠습니까?

형제자매 여러분, 이 이야기는 지어낸 이야기인 것 같지만 실화라고 합니다. 어떻게 보면 자식들은 부모의 유산 상속만 바라보고 탐욕에 빠질 수 있습니다. 재벌가들을 생각해 볼 때 형제의 난이 비일비재 일어나고 있습니다. 이것이 그들의 이야기가 아니라 곧 우리들의 이야기입니다. 그러므로 오늘 복음에서 예수님께서는 "탐욕에 빠지지 않도록 조심하라."라고 말씀하시면서 부자의 예를 들고 있습니다. 곧 인생은 생각처럼 되지 않습니다. 이제 창고에 가득 곡식을 쌓아 놓고 편히 배부르게 먹고 쉬려고 생각했는데, 오늘 밤 하느님께서 데려가신다고 합니다. 그러므로 우리는 오늘 복음 말씀을 명심하면서 살아야 하겠습니다. "어리석은 자야, 오늘 밤에 네 목숨을 되찾아 갈 것이다. 그러면 네가 마련해 둔 것은 누구의 차지가 되겠느냐? 자신을 위해서 재화를 모으면서 하느님 앞에서는 부유하지 못한 사람이 바로 이러하다."(루카 12, 20-21)

형제자매 여러분, 이런 얘기 많이 듣습니다. "이제 살 만한데 돌아가셨다."라고 "이제 다리 쭉 뻗고 쉬려고 하니 몹쓸 병에 걸려 몸져누웠다."라고 "이제 자식들 다 키워 놓고 효도 받으려 하니 데려가셨다."라고 합니다. 이런 의미에서 "살 만하니 떠나는 게 인생이다"라는 말이 딱 맞는 것 같습니다. 형제자매 여러분, 공감하십니까? 그런 의미에서 〈살 만하니 떠나는 게 인생이다〉라는 글을 여러분에게 소개해 드리겠습니다.

사람이 태어날 때는 순서가 있지만 세상 떠날 때는 가는 순서가 없습니다. 5분 후를 모르는 것이 인생사입니다. 천년만년 살 것처럼 발버둥 치며 살다 예고도 없이 부르면 모든 것을 다 두고 갈 준비도 못 하고 가야만 합니다. 세수도 본인 손으로 못 하고 떠나갈 옷도 갈아입지 못하여, 남이 씻겨 주고 옷도 입혀 줍니다.

부와 권력과 명예를 가진 자나, 아무것도 가진 것이 없어 구걸해 먹고 사는 자나, 갈 때는 똑같이 갈 준비 못 하고 빈손으로 떠나가야만 합니다. 천년만년을 살 것같이 오늘 못한 것은 내일 해야지, 내일 못 하면 다음에 하면 되지 기회는 무한하다고 생각합니다. 지금까지 바쁘게 살다 보니, 부모와 자식의 도리 인간 도리를 못 했으니 앞으로는 해야겠다고 다짐합니다.

앞만 보고 열심히 살다 보니 삶을 즐기지 못해, 이제 친구들과 어울려 즐기고, 가 보지 못한 곳 여행도 하면서 즐겁게 살려는데, 어느 날 갑자기 예기치 못했는데, 떠나야 할 운명이 오면 갈 수밖에 없어, 이제 살 만하니 떠난다고 아쉬워하는 것이 인생사입니다. 내일은 기약이 없으니 오늘이 내 생의 마지막 날이라 생각하고, 지금껏 하지 못한 일을 하여, 내일 떠나더라도 후회 없는 삶을 살아갑시다. 과거는 지나가 버렸고 미래는 기약이 없으니, 오직 존재하는 것은 현재입니다.

형제자매 여러분, 그렇습니다. "살 만하니 떠나는 게 인생입니다." 그래서 오늘 첫 번째 독서에서 '모든 것이 헛되고 헛되다'라고, '허무'라고 말씀하고 있습니다. 그러므로 "어느 아버지의 상속재산" 예화를 생각하면서 하늘나라 상속받을 때 사색이 되지 않도록 후회 없이 하늘나라에 기쁘게 투자할 수 있는 신앙인이 되어야 하지 않겠습니까? 그래서 두 번째 독서를 통해서 바오로 사도는 "저 위에 있는 것을 추구하라."(골로 3, 1)라고 말씀하고 있습니다. 그러므로 "자신을 위해서는 재화를 모으면서 하느님 앞에서는 부유하지 못한 사람이 바로 이러하다."(루카 12, 21)라는 주님 말씀을 명심하면서 내일로 미루지 말고 바로 지금부터 하늘나라에 보화를 쌓는 현명한 신앙인이 되어야 하겠습니다.

"자신을 위해서는 재화를 모으면서 하느님 앞에서는 부유하지 못한 사람이 바로 이러하다."(루카 12, 21) 아멘!

다시 또 오기만 해 봐라

　제가 주임신부가 된 지 얼마 안 돼서 도둑놈이 사제관에 온 적이 있습니다. 한 30여 년 전의 일이지요. 한밤중에 사제관에 자고 있는데 이상한 소리가 들려서 잠에서 깨었습니다. "따-닥, 따다닥" 사제관 사무실 창에서 나는 소리였습니다. 커튼이 드리워진 창밖에서 도둑놈이 쇠창살, 방범망을 무엇으로 뜯고 있었습니다. 이걸 어쩌나, 전화로 신고하려고 해도 다 들릴 것이고, 사람이 있는데도 쇠창살을 뜯고 있는 것을 보니 보통 놈이 아닌 것 같고, 궁리하다 도둑놈을 내쫓는 것이 상책이란 판단을 내렸습니다. 그래서 갑자기 사무실 전등을 탁 켜면서 "어떤 놈이야!"라고 고함을 치면서 현관문을 열고 뛰쳐나갔습니다. 그러니까 도둑놈이 깜짝 놀라서 연장을 버리고 줄행랑을 놓더군요. 도둑이 버리고 달아난 그 연장은 기다란 "노루 발 못 뽑이[배척, 쇠 지레, Crowbar, 빠루(일본말)]"였습니다. "노루 발 못뽑이" 못을 뺄 때나 무엇을 젖힐 때 쓰는 연장입니다. 그것이 금도끼나 은도끼였다면 얼마나 좋았겠습니까? 횡재를 만났을 텐데 말입니다.

"도둑이 몇 시에 올지 집주인이 알면, 자기 집을 뚫고 들어오 도록 내버려 두지 않을 것이다."(루카 12, 39)라는 오늘 복음 말 씀을 생각할 때 '과연 그럴까?'라고 물음표를 던질 만한 다음과 같은 이야기가 있습니다.

　잠을 못 이루던 어떤 여름밤 집주인은 도둑이 담장을 넘으 려는 것을 보고 깜짝 놀랍니다. 집주인은 떨리는 마음으로 다 짐합니다. "이놈, 담을 넘기만 해 봐라. 가만 안 둘 테다!" 능숙 하게 담을 넘어 마당을 가로질러 오는 도둑을 본 집주인은 또 다짐합니다. "마당을 건너오기만 해 봐라. 그땐 가만 안 둘 테 다!" 도둑은 마당을 넘어 마루로 오르려 합니다. 집주인은 새 로운 다짐을 합니다. "마루에 오르기만 해 봐라." 도둑은 방안 으로 들어서려 합니다. 주인은 더욱 가빠진 심장박동을 느끼 며 다짐합니다. "방안에 들어오기만 해 봐라." 도둑이 마침내 금고에 다가섭니다. 집주인은 자는 척하면서 실눈을 뜨고 다 짐합니다. "금고에 손대기만 해 봐라. 이젠 정말 가만 안 둘 테 다!" 도둑은 돈과 귀중품을 꺼내 방을 나서서 유유히 사라집니 다. 그러자 집주인은 분한 마음을 끌어안고 허공에 소리 내어 외칩니다. "다시 또 오기만 해 봐라. 가만 안 둘 테다!"

형제자매 여러분! 한마디 말도 못 하고 모든 것을 몽땅 털렸 을 때, 얼마나 억울하고 분통이 터지겠습니까? 집주인은 도둑 에게 자신의 존재를 알려야 했지만 그렇게 하지 못했습니다.

담장을 넘어 마루 위로 올라올 때 불을 탁 켜면서 "도둑이야!"라고 소리치면서 '내가 여기 있다'고 말입니다. 그 존재 선언만으로도 도둑은 더 이젠 발을 들이지 못할 것입니다. 집주인은 쥐죽은 듯 있음으로써 소중한 것을 잃었습니다. 집주인은 비록 육신이 잠들어 있지는 않았으나, 참된 영혼까지도 깨어 있었다고 말할 수 없을 것입니다.

어느 날, 도둑이 우리 마음을 침입했습니다. 그래서 소중한 우리 마음을 몽땅 털어갔습니다. 눈을 뜨고 바라보면서 두려워서 한마디도 못 했습니다. 도둑이 우리의 마음을 다 훔쳐 갔을 때 비로소 허공을 향해 외칩니다. "다시 또 오기만 해 봐라. 가만 안 둘 테다!" 그렇다면, 우리는 도둑에게 귀중한 것을 다 털린 다음 도둑에게 분노와 미움을 갖고 분통을 터트리는 이야기 속의 집주인과 다를 바가 없을 것입니다. 도둑이 오늘날 하느님의 성전인 우리 마음속을 침입해서 한껏 휘젓고 다니고 있습니다. 비록 육신의 눈은 뜨고 있으나, 영혼의 눈은 깨어 있지 못하고 잠들어 있기 때문입니다.

언젠가 우리에게 조금 전 얘기처럼 도둑놈이 모든 귀중한 보물과 재산을 몽땅 다 털어가도 무서워서 한마디 말도 못 한 것처럼, 죽음이란 도둑놈이 와서 우리를 꼭 옭아매어 저승으로 데려가도 같은 신세가 될 것입니다. "다음에 또 오기만 해 봐라. 가만 안 둘 테다!" 아무리 작심을 해도 때는 늦습니다. 돌이

킬 수 없습니다.

　예수님께서는 오늘 복음에서 우리에게 깨어 있음이 우리의 본연임을 말씀하시면서 경고를 내리십니다. "예상하지 못한 날, 짐작하지 못한 시간에 그 종의 주인이 와서, 그를 처단하여 불충실한 자들과 같은 운명을 겪게 할 것이다."(루카 12, 46) 역시 지난주일 복음에서도 "어리석은 자야, 오늘 밤에 네 목숨을 되찾아 갈 것이다. 그러면 네가 마련해 둔 것은 누구 차지가 되겠느냐?"(루카 12, 20)라고 경고하셨습니다.

　그러므로 우리는 도둑이란 죽음이 언제 올지 모르니까 주님의 말씀처럼 깨어 준비하는, "유비무환"(有備無患)의 삶을 살아야 하겠습니다. 유비 무한 무슨 뜻이지요? 유비무환, 미리 준비하면 아무런 우환, 탈이 없다는 뜻입니다. 그러므로 미리 열심히 신앙생활을 하면서 하늘나라에 보화를 쌓아야 하겠습니다. 진정 유비무환의 삶을 살아가는 현명한 신앙인이 되어야 하겠습니다.

> "너희도 준비하고 있어라. 너희가 생각하지도 않은 때에 사람의 아들이 올 것이다."(루카 12, 40) 아멘!

신앙인은 모름지기
미쳐야 한다

형제자매 여러분, 요즘 미친 사람들이 대단히 많습니다. 어떤 사람들은 핸드폰에 미쳐서 길 가다 전봇대에 꽝하고 혹이 나도록 부딪치는 사람들도 있습니다. 어떤 사람은 컴퓨터 게임에 미쳐서 온종일 게임방에서 집안 아이들이 어떻게 지내는지도 모르고, 또 오락실과 카지노에 미쳐서 가산을 다 탕진합니다. 또 어떤 이들은 부동산이나 주식 투자에 미쳐서 심지어 노름에 미쳐서 패가망신 한 사람들도 있습니다. 어떤 사람은 쇼핑이나 마약에 중독되고, 식도락에 미친 사람들도 있습니다. 어떤 사람은 축구나 야구, 탁구 운동에, 등산이나 낚시에 미친 사람들도 있습니다. 또 술이나 도박에 미치고 명예와 권력에 미친 사람이 한두 사람이 아닙니다. 사치나 쾌락에 미친 사람들도 있고 책과 이데올로기에 미친 사람들도 많습니다. 살아가면서 어떤 사람은 전공 분야에 미치고 음악과 미술에 미치고 운동과 독서에 미쳐야 합니다. 그래야 전공 분야나 그 세계의 깊은 경지를 이해하고 발전시킬 수 있습니다. 사실 어떤 의미에선 우리는 미쳐야 합니다. 미치되 올바르게 미쳐야 합니다. 올림픽에서 금메달을 따는 선수들은 그 방면에 정말로 미친 사람들입니다.

형제자매 여러분, '무엇에 한번 미쳐 본다'는 것은 참으로 의미 있는 일입니다. 그런데 무엇에 미치느냐가 중요합니다. 그 미치는 대상이 나쁘면 패가망신하기 때문입니다. 예를 들어 술, 도박, 마약, 향락에 미치면 파멸의 원인이 됩니다.

형제자매 여러분, 우리가 미쳐야 할 대상 중에 가장 좋은 대상은 무엇이겠습니까? 하느님께 미치는 것입니다. 하느님께서는 사람에게 미쳐서 하나밖에 없는 외아들을 우리에게 보내 주셨습니다. 또한, 예수님도 역시 우리에게 미쳐서 십자가상의 제물이 되셨습니다. 어떻게 보면, 하느님도, 예수님도 인간 사랑에 미쳐서 눈이 멀었습니다. 그 고귀한 사랑에 응답하기 위해서 우리도 하느님께, 예수님께 미쳐야 하지 않겠습니까? 신앙인은 모름지기 주님께 미친 사람입니다.

형제자매 여러분, 우리 신앙인들은 예수님께 미치고 성경에 미쳐야 합니다. 그렇지 않고서는 하느님의 그 깊고 오묘한 영적 세계의 비밀을 알 수 없습니다. 그래서 열심히 기도하면서 평일 미사에 열심히 참여하고, 성경 공부도 열심히 해야 합니다. 아울러 본당이나 교구 교육은 다 받아보고, 레지오를 비롯해서 단체란 단체는 다 들어가 활동하고 봉사하는 열성을 보여야 하지 않겠습니까?

형제자매 여러분 현철 씨가 부른 〈앉으나 서나 당신 생각〉이라는 노래 아시지요? 한번 불러 볼까요? "앉으나 서나 당신 생각, 앉으나 서나 당신 생각, 떠오르는 당신 모습 피할 길이 없어라." 노래 가사가 참 좋습니다. 형제자매 여러분, "앉으나 서나당신 생각" 하시면서 살고 계십니까? 참으로 그런 "당신"은 행복한 사람일 것입니다. 그러나 우리 신앙인은 "앉으나 서나 주님 생각, 앉으나 서나 예수님 생각"하는 신앙인이 되어야 하지 않겠습니까?

이런 의미에서 오늘 복음에서 예수님께서는 "나는 세상에 불을 지르러 왔다. 그 불이 이미 타올랐다면 얼마나 좋으랴?"(루카 12, 49)라는 한탄의 말씀을 하시고 있습니다. 왜냐하면, 우리가 미지근한 신앙생활을 하고 있기 때문입니다. 형제자매 여러분, "너는 차지도 않고 뜨겁지도 않다. 네가 차든지 뜨겁든지 하면 좋으련만! 네가 이렇게 미지근하여 뜨겁지도 않고 차지도 않으니, 나는 너를 입에서 뱉어 버리겠다."(묵시 4, 15-16)라는 주님의 말씀을 명심해야 하겠습니다.

형제자매 여러분, 이런 예수님의 한탄을 듣지 않도록 세례로 지펴진 불을 활활 타오르도록 불태워야 하지 않겠습니까? 그래서 신앙인은 "앉으나 서나 주님만을 생각"하면서 주님 뜻을 이루기 위해 한번 미쳐 봐야 할 것입니다.

형제자매 여러분, 바오로 사도는 예수님을 "내 삶의 전부"라고 하셨습니다. 예수님께 온전히 사로잡힌, 소위 예수님께 미친 사람이 되었습니다. 그는 처음엔 천주교 신자들을 박해하던 박해자에서 오히려 반대로 열렬히 전교하는 이방인의 사도가 되었습니다. 분명히 예수님께 미쳤기 때문에 예수님을 위해서 순교까지 할 수 있었던 것입니다. 그러므로 우리도 바오로 사도의 열정을 본받아서 열심히 주님을 전 할 수 있도록 미쳐야 하겠습니다. 또한, 오늘 두 번째 독서에서 말씀하시는 대로 "우리가 달려야 길을 꾸준히 달려"(히브 12, 1) 천국에서 영광의 월계관을 머리에 받을 수 있도록 최선을 다하는 신앙인이 되어야 하겠습니다.

"나는 세상에 불을 지르러 왔다. 그 불이 이미 타올랐다면 얼마나 좋으랴?"(루카 12, 49) 아멘!

나는 너를 모른다

어떤 사람이 홍수를 만나 자기 집 지붕 위에 올라가 있는데 물이 그의 발밑까지 차올랐습니다. "하느님, 저를 꼭 구해 주십시오. 다 죽게 되었습니다." 하고 간절한 마음으로 기도드렸습니다. 얼마 안 있어 한 사람이 보트를 타고 지나가다가 그를 보고는 "빨리 타세요. 태워 드릴게요." 하고 외쳤습니다. "고맙긴 하지만 사양하겠소, 나는 주님을 믿고 있으니 주님께서 날 구해 주실 것이오."라고 그는 대답했습니다. 이윽고 물은 그 사람의 허리에까지 찼습니다. 이때 동력선 한 대가 접근해 오더니 거기에 타고 있던 사람이 "고지대로 실어다 드릴까요?"라고 외쳤습니다. "고맙긴 하지만 사양하겠소. 나는 주님을 믿고 있으니 주님께서 날 구해 주실 것이오." 나중에 또, 헬리콥터 한 대가 그 부근을 지나가게 되었는데, 그때 물은 그의 목까지 차 있었습니다. "밧줄을 붙잡으세요. 당신을 끌어 올려 드리겠습니다."라고 조종사가 외쳤습니다. "고맙긴 하지만 사양하겠소. 나는 주님을 믿고 있으니 주님께서 날 구해 주실 것이오."라고 그는 대답했습니다. 안타깝게도 몇 시간 더 물속에서 버티던 그 사람은 결국 물에 빠져 허우적거리다 죽고 말았습니다.

이렇게 죽어서 그 사람이 천국에 가서 하느님의 처신에 대해 몹시 화가 나서 다음과 같이 하느님께 불평했습니다. "주님, 대답해 주십시오. 주님께서 저를 구해 주실 것으로 그토록 굳게 믿고 기도했는데도 주님께서는 저를 물에 빠져 죽게 했습니다. 어찌 된 일입니까?" 이 말에 주님께서는 "너는 어떤 것을 원했느냐? 나는 너를 위해 배 두 척과 헬리콥터 한 대를 보냈지 않았느냐?"라고 대답하셨습니다.

이렇게 우리는 기도를 하고 그 기도의 응답을 알아차리지 못합니다. 하느님께서 3차례나 다른 사람을 통해서 도와주셨지만 말입니다. 이것은 인간 측에서 하느님의 손길을 몰라본 경우입니다.

이젠, 반대로 천국 문 앞에 갔는데, 만약에 하느님께서 나를 몰라본다면, 어떻게 하시겠습니까? "나는 너를 모른다." "도대체 너는 누구냐?"라고 하시면 형제자매 여러분, 어떻게 하시겠습니까? 참으로 난감할 것입니다. "저는 풍기성당에 다니던 ○○○입니다. 나는 레지오 단원도 했고요, 구역 반 모임도 참여했고요. 그래도 모르시겠습니까? 저의 엄마는 아주 열심히 사시는 구 교우이시고 매일 미사 참례도 빠지지 않잖아요.", "너의 엄마는 잘 알지만 난 도무지 네가 누구인지 모른다." 이렇게 말씀하시면 어떻게 하시겠습니까?

형제자매 여러분, 오늘 복음에서도 역시 똑같은 말씀을 하십니다. "너희는 좁은 문으로 들어가도록 힘써라… 많은 사람이 그곳으로 들어가려고 하겠지만 그곳으로 들어가지 못할 것이다. 집주인이 일어나 문을 닫아 버리면, 너희가 밖에 서서 '주님 문을 열어 주십시오.' 하며 문을 두드리기 시작하여도 그는 '너희가 어디에서 온 사람들인지 나는 모른다.'라고 대답할 것이다. 그러면 너희는 이렇게 말하기 시작할 것이다. '저희는 주님 앞에서 먹고 마셨고, 주님께서는 저희가 사는 길거리에서 가르치셨습니다.' 그러나 집주인은 '너희가 어디에서 온 사람들인지 나는 모른다. 모두 내게서 물러가라. 불의를 일삼는 자들아!' 하고 너희에게 말할 것이다."(루카 13, 24-27)

　형제자매 여러분, 조금 전에 들은 "주님 앞에서 먹고 마셨다." 이 말은 과연 무슨 뜻이겠습니까? "미사성제에 열심히 참여했다. 기도 열심히 했다"라는 말이겠지요. 그러면 "길거리에서 가르치셨다."란 무슨 뜻이겠습니까? "성경 공부, 교리 공부 열심히 했다."라는 말이겠지요. 다 소용이 없다는 말씀입니다. 형제자매 여러분, 왜 그렇습니까? 곧 말씀에는 "실천이 뒤따라야 한다."라는 말씀입니다. "좁은 문으로 들어가야 한다."라는 말씀입니다. "나더러 주님, 주님, 한다고 다 하늘나라에 들어가는 것이 아니기" 때문에 "불의를 일삼지 말고 잘 살며 실천해야 한다."라는 말씀입니다. 곧 어려운 이웃을 위해 봉사하고, 희생이나 선행, 환자 방문, 냉담자 방문, 성당 청소나 잡초 제거, 구역 모임 참여, 각 단체장 봉사, 레지오 참여 등을 행동으로 하라는 것입니다. 하기 싫은 것 어려운 일을 하는 것, 사랑의 실천, 이것이 바로 '좁은 문'으로 들어가는 길입니다.

형제자매 여러분, 넌센스 퀴즈 하나 내겠습니다. 한번 알아서 맞춰 보시기 바랍니다.

어떤 본당에 아주 열심히 사는 교우 자매님이 있었습니다. 남을 위해서 희생하고, 봉사하고, 레지오, 빈첸시오 단원으로서 열심히 기도하는 모범적인 자매입니다. 그런데, 자매님의 남편은 성당에 좀 다니다가 냉담 중입니다. 보통 우리가 기도할 때 하느님을 "하늘에 계신 우리 아버지, 아버지"라고 하면서 기도합니다. 그렇게 하지요. 하느님을 "아버지"라고 부릅니다. 그러면 자매님이 하느님을 "아버지"라고 부르면, 자매님의 남편은 하느님을 어떻게 불러야 하겠습니까?
"하느님, 아버지" 다 틀렸습니다. "장인어른", "장인어른" 하고 불러야 하겠지요. 그러면 하느님 편에서 본다면 자매님 남편은 무엇이 되나요? "하느님 사위"가 되는 것입니다.

형제자매 여러분, 비록 열심히 사는 자매님의 남편은 "하느님의 사위"가 돼도 별 볼 일 없다는 것입니다. 우리 본당에 "하느님 사위"들이 많아서 걱정입니다. 천국 문 앞에 가서 문을 두드려도, "제 집사람은 성당에 열심히 다녔는데요. 성당에 못 가도록 하지는 않았습니다. 성당에 주일 날 제 처를 차로 태워다 주었는데 저를 모르시겠어요." 해도 소용이 없다는 것입니다.

"나는 너를 모른다."라고 하느님께서 안면을 몰수한다는 것입니다. 왜냐하면, 각자 좁은 문으로 들어가야, 각자 공로를 쌓아야 하기 때문입니다. 형제자매 여러분, 바로 이 점을 명심해야 하겠습니다. 집에 가서서 혹시 남편이 냉담하고 계신다면, "하느님 사위 양반" 하느님께서 "나는 당신을 모른다."라고 하시면 어떻게 하시겠습니까? 한번 꼭 물어봐 주시기 바랍니다.

> "너희는 좁은 문으로 들어가도록 힘써라."(루카 13, 24) 아멘!

안면문답(顔面問答)
눈썹의 마음으로 살아가자

형제자매 여러분, 안면문답(顔面問答)이란 말을 들어본 적이 있습니까? 이 안면문답은 중국 청나라 말엽의 학자 유곡원(兪曲袁)이라는 사람이 쓴 수필의 이름입니다. 안면(顔面), 곧 얼굴을 말합니다. 얼굴에 있는 입, 코, 눈, 눈썹들의 대화로 구성되어 있습니다. 그 내용을 소개하면 다음과 같습니다.

본래 사람 얼굴 위에 자리 잡고, 있는 눈썹, 눈, 코, 입은 제 할 구실이 따로 있게 마련인데 그것들이 서로 유기적으로 도와서 얼굴의 구성이 이루어지고 사람의 활동이 유지된다. 그런데 어느 날 갑자기 입이 코를 보고 말했다. "이 세상에 질서로 따지면 공이 많은 자가 윗자리에 앉고, 무능한 자가 낮은 자리에 앉게 마련이다. 코, 너는 무엇을 한 게 있다고 나보다 높은 자리에 떡 버티고 앉아 있는 거냐?"

"입, 너는 모르는 소리 그만해라. 내가 먼저 향기로운 것과 구린 것 등을 냄새로 맡아 분간한 연후에 너에게 먹도록 넘겨 주는 게 아니냐. 그러니 네 윗자리에 앉은 것은 마땅하고

도 남음이 있다. 그것보다도 네가 하는 일이 무엇인지나 한 번 들어보자꾸나."

"그래, 내가 하는 일을 일러 줄 테니 들어 보아라. 우선 누구나 마음속에 하고 싶은 말이 있어도 입을 거치지 않고는 뜻을 전달하지 못한다. 그것뿐이랴, 책을 읽고 음식을 먹는 일도 입이 맡아 하고, 신에게 기원하는 말씀을 드리는 것도 입이 아니면 못 하는 일이 아니냐?"

"그렇다고 하고, 너는 그러면 콧구멍이 할 일 없이 생겨 있는 줄 아느냐? 냄새를 맡아 좋고 나쁜 것을 가려내는 일이 코가 하는 일이다. 사람의 얼굴 가운데 우뚝 솟아 전체의 균형을 잡고 있을 뿐 아니라 위엄도 세운다. 또 콧구멍이 막혀 바람이 통하지 않으면 이야기고 글 읽기고 간에 하나도 될 것이 없다."

코는 또 눈을 보고 물었다. "눈, 너는 무엇 때문에 나보다 더 높은 자리를 차지하고 앉았느냐?", "나는 좋고 나쁜 것을 가려 보며, 이쪽저쪽을 살필 수 있어 그 공이 적지 않으므로 네 위에 있는 것이다."

입은 또 코와 눈을 보고 물었다. "너희들의 이야기는 그렇다 하고 눈썹은 또 무엇이 잘났다고 귀만큼 꼭대기에 올라앉아 있는 것이냐?", "우리가 눈썹을 두고 시비를 따질 게 아니라 셋이 함께 가서 한번 물어보자꾸나." 입, 코, 눈 셋이 눈썹을 찾아가 따지고 물었다.

눈썹은 빙그레 웃으면서 대답했다. "확실히 너희들은 중 대한 역할을 담당하고 있다. 음식을 섭취하고, 호흡하고, 사물을 보는 등 너희들의 노고에는 실로 감사할 따름이다. 그러나 오늘 막상 너희들로부터 '네가 하는 일이 도대체 무엇이 있는가?'라는 질문을 받으니, 심히 부끄럽다. 하지만, 조상 대대로 여기에 이렇게 자리 잡고 있을 뿐, 밤낮 미안하다는 생각을 하면서 이렇게 열심히 내 자리를 지키고 있을 뿐이네. 너희들은 각자 남에게 자랑할 만한 무언가 일들이 있겠지만, 나에게는 그런 자랑할 만한 것이 하나도 없다. '그러면 무엇을 하고 있는가?'라고 물어온다면 부끄럽지만, 무어라 대답할 말이 없다."

"꽁무니를 빼는 듯한 소리는 그만두어라. 우리가 너를 찾아온 것은 네가 하는 일이 무엇이냐를 따지러 온 것이지, 모양이 어쩌고저쩌고 따지러 온 것이 아니다." 그리하여 마침내 입, 코, 눈, 눈썹은 서로 자기가 제일이라고 어울려 싸우기 시작하였다. 이때 귀가 그들의 다투는 광경을 보고 싸움을 말리면서, "군자는 다투지 않는 법이다. 너희들은 그래도 앞쪽에나 붙어 있지 않느냐? 내 신세를 보아라. 날 때부터 머리 양쪽에 붙어 별로 대접도 못 받는다. 위나 아래나 나도 앞으로나 붙어 있었으면 하고 생각하는 때가 있는데, 다 같이 앞에 모여 있으면서 무엇 때문에 싸우는 거야?" 하고 제법 타일렀다. 나는 오늘까지 입과 코와 눈의 마음가짐으로 살아왔다. 그러나 그것은 잘못이었다. 앞으로는 꼭 '눈썹의 마음가짐으로' 세상을 살아가고 싶다.

형제자매 여러분! 이 안면문답을 듣고 여러분은 무엇을 느끼셨습니까? 현대를 살아가고 있는 우리 모두 대다수 입과 코와 눈의 입장으로 살아오지 않았는지 반성을 해 봅니다. 오늘 복음에서 예수님께서는 "누구든지 자신을 높이는 이는 낮아지고 자신을 낮추는 이는 높아질 것이다."(루카 14, 11)라고 말씀하십니다. 그리고 오늘 첫 번째 독서에서도 "네가 높아질수록 자신을 더욱 낮추어라."(집회 3, 18)라고 말씀하십니다. 그러므로 우리 모두 진정 눈썹의 마음으로 살아가도록 노력해야 할 것입니다.

형제자매 여러분, 가정이나 이 사회도 입과 코와 눈의 마음으로 살아갈 때 참으로 암담할 것입니다. 가정에서 부부가 서로 눈썹의 마음으로 살아간다면 결코 부부싸움이 없을 것입니다. 이 사회가 아무리 각박하다고 하더라도 눈썹의 마음으로 살아간다면, 이 사회는 분명히 밝은 사회가 될 수 있을 것입니다.

형제자매 여러분, 이 나라의 정치가들도 그렇습니다. 제 분수, 꼬락서니를 안다면, 국민을 위한 심복임을 안다면, 권력을 마음대로 휘둘러 제 앞길만 챙기고 국민을 우롱하는 누를 범하지 않을 것입니다. 정치가는 정치가대로, 국민은 국민대로, 군인은 군인대로, 가정주부는 가정주부대로, 남편은 남편대로, 학생은 학생대로 모든 국민이 눈썹의 마음으로 그 자리를 지키며 살아갈 때 가정과 사회, 이 나라는 밝은 내일을 기약할 수 있을 것입니다.

형제자매 여러분, "누구든지 자기 자신을 높이는 이는 낮아지

고 자신을 낮추는 이는 높아질 것이다."(루카 14, 11)라는 주님의
말씀을 명심하면서 우리 모두 진정 눈썹의 마음으로 이 세상을
살아가도록 합시다! 그런 마음으로 살아갈 때 하느님 나라는 이
미 우리 안에 와 있고 하느님 나라를 차지할 수 있을 것입니다.

"누구든지 자신을 높이는 이는 낮아지고 자신을 낮추는 이는
높아질 것이다."(루카 14, 11) 아멘.

어느 주부의 눈물

　형제자매 여러분, 어느 날 예비신자가 자기를 인도한 신자에게 이런 질문을 했습니다. "신부님들은 왜 결혼하지 않습니까?" 여러분들은 어떻게 설명해 줄 수 있겠습니까? 예비신자의 물음에 인도자는 "자식이 딸리면 신경을 쓰게 마련이다. 처자식을 먹여 살리기 위해서 신자들에게만 신경을 쓸 수 없게 된다. 개신교 목사님들을 보면 알 수 있지 않나? 그건 바로 사도직을 효과적으로 수행하기 위해서다."라고 대답해 주었습니다. 정말로 신부님들은 사도직을 효과적으로 수행하기 위해서 결혼하지 않고 독신으로 사시는 것이겠습니까? 그러면 수녀님이나, 수사님들도 그렇다고 생각하십니까? 여러분 생각은 어떻습니까?

　형제자매 여러분, 오늘 복음 말씀에서 예수님께서는 "누구든지 나에게 오면서 자기 아버지와 어머니, 아내나 자녀, 형제와 자매 심지어 자기 목숨까지 미워하지 않으면, 내 제자가 될 수 없다."라고 말씀하십니다. 형제자매 여러분, "가족을 미워해야 한다."라는 말씀을 어떻게 이해해야 하겠습니까? 형제자매 여러분, "사랑"의 반대가 무엇이지요? "미움"입니다. "미움" 대신

"사랑"을 대입하면 "사랑하지 않으면 내 제자가 될 수 없다." 물론 부모님, 형제, 자매, 자기 목숨을 사랑해야지요? 예수님 당시 언어에 이 사랑의 말마디에 비교급이 없으니까 "더 사랑 해야 한다. 덜, 조금 사랑해야 한다." 이렇게 표현해야 하는데, 그 표현을 "미워해야 한다."로 표현하곤 했습니다. 그러면 누구보다 조금, 덜 사랑해야 하겠습니까? 결론적으로 "하느님(주 님)"보다 조금, 덜 사랑해야, 하느님(주님)을 최고로 사랑하고 그 다음, 아버지나 형제들을 사랑해야 한다는 말씀입니다. 이런 측면에서 생각해 보면, 신부님이나 수녀님, 수사님이 왜 결혼 하지 않겠습니까? 하느님을 최고로, 최상으로 사랑하기 위해 서 그렇게 하는 것입니다. 이제 아시겠습니까?

형제자매 여러분, "버린다, 포기한다."라는 것은 참으로 어려 운 일입니다. "버리고 포기한다."라는 것은 자신과 싸움입니 다. 애착을 버리고 포기하기 위해서는 분명히 십자가가 뒤따릅 니다. 그러므로 예수님께서는 "누구든지 제 십자가를 짊어지고 내 뒤를 따라오지 않는 사람은 내 제자가 될 수 없다."(루카 14, 27)라고 말씀하십니다. 그러므로 사랑 때문에 희생하고, 포기 하고 버려야 한다는 것입니다. 역시 바오로 사도도 "나는 그리 스도 때문에 모든 것을 잃었지만 그것들을 쓰레기로 여깁니다. 내가 그리스도를 얻고 내가 그분 안에 있으려는 것입니다."(필 립 3, 8-9)라고 그 이유를 밝히고 있습니다. 주님을 위해서 모든 것을 쓰레기로 여기고 버렸다는 것입니다.

형제자매 여러분, 버리고 포기하기 위해서는 십자가를 감수 인내해야 한다고 말씀드렸습니다만, 주님께서는 버리는 만큼 채워 주십니다. "너희 가운데 누구든지 소유를 다 버리지 않는 사람은 내 제자가 수 없다."라고 말씀하셨지만, 우물의 물을 퍼 내면 퍼낼수록 깨끗하고 더 좋은 물을 마실 수 있는 것처럼, 버린 만큼 하느님께서는 꼭 채워 주십니다. 모든 것을 버린 제자들에게, 이 세상 것들을 쓰레기로 여긴 제자들에게 영원한 하늘나라를 약속하셨습니다.(마르 10, 29-30)

형제자매 여러분, 〈어느 주부의 눈물[6]〉이란 편지를 소개해 드립니다.

안녕하세요. 33살 먹은 주부예요. 32살 때 시집와서 남편이랑 분가해서 살았어요. 남편이 어머님 돌아가시고 혼자 계신 아버님 모시자고 이야기를 하더군요. 어느 누가 좋다고 할 수 있겠어요. 그 일로 남편이랑 많이 싸웠어요. 위에 형님도 있으신데 왜 우리가 모셔야 하느냐고. 아주버님이 대기업 다니셔서 형편이 정말 좋아요. 그 일로 남편과 싸우고 볶고 거의 매일 싸웠어요. 하루는 남편이 술 먹고 울면서 말을 하더군요. 뭐든 다른 거는 하자는 대로 다 할 테니까 제발 이번만은 부탁 좀 들어 달라고. 그러면서 이야기를 하더군요.

---

6) 명동성당 홈페이지에서

남편이 어릴 적 엄청 개구쟁이였대요. 매일 사고 치고 다니고 해서 아버님께서 매번 뒷수습하러 다니셨다고 하더군요. 남편이 어릴 때 골목에서 놀고 있는데 지나가던 트럭에 받힐 뻔한 걸 아버님이 보시고 남편 대신 부딪히셨는데 그것 때문에 지금도 오른쪽 어깨를 잘 못 쓰신대요. 그런 몸으로 70세가 되기까지 막노동하시면서 가족들 먹여 살리고 고생만 하셨다네요. 막노동 오래 하면 시멘트 독이라고 하나, 하여튼 그거 때문에 손도 쩍쩍 갈라지셔서 겨울만 되면 많이 아파하신다고 하더군요. 평생 모아 오신 재산으로 마련하셨던 조그만 집도 아주버님이랑 남편 결혼할 때 집 장만해 주신다고 파시고 "지금 전세 사신다."라고 하구요. 그런데 어머님까지 돌아가시고 혼자 계신 걸 보니 마음이 아파서 눈물이 자주 난다고 하더라고요.

저희요, 전 살림하고 남편 혼자 버는데 한 달에 150 정도 벌어 와요. 근데 그걸로 아버님 오시면 아무래도 반찬도 신경 써야 하고 여러 가지로 힘들 거 같더군요. 그때 임신도 해서 애가 3개월인데, 형님은 절대 못 모신다고 못 박으셨고 아주버님도 "그럴 생각이 없다."라고 남편이 말을 하더군요. 어떡합니까? 저렇게까지 남편이 말하는데. 그래서 아버님 모셔 왔습니다. 첨에 아버님 오지 않으시려고 자꾸 거절하셨어요. 늙은이 가 봐야 짐만 되고 눈치 보인 다면서요. 남편이 우겨서 모셔 왔습니다. 모셔온 첫날부터 여러모로 정말 신경이 쓰이더군요. 그런데 우리 아버님 매번 반찬 신경 써서 정성껏 차려

드리면, 그걸 드시면서도 대단히 미안해하십니다. 아버님을 제가 왜 모르겠어요. 이 못난 며느리 눈치 보이시니 그렇게 행동하시는 거 압니다. 저도, 그래서 더 마음이 아픕니다. 남편이 몰래 아버님 용돈을 드려도 그거 안 쓰고 모아 두었다가 제 용돈 하라고 주십니다.

어제는 정말 슬퍼서 펑펑 울었어요. 아버님께 죄인이라도 된 듯해서 눈물이 왈칵 나오는데 참을 수가 없더라고요. 한 달 전쯤부터 아버님께서 아침에 나가시면 저녁때쯤 들어오시더군요. 어제 아래층 주인 아주머니께서 말씀하시더군요. "오다가 이 집 할아버지 봤는데 유모차에 빈 박스 실어서 가던데~" 이 말 듣고 깜짝 놀랐습니다. 예, 그래요. 아버님 아들 집에 살면서 돈 한 푼 못 버시는 게 마음에 걸리셨는지 불편한 몸 이끌고 하루하루 그렇게 빈 박스 주우시면서 돈 버셨더군요. 그 이야기 듣고 밖으로 뛰쳐나갔습니다. 아버님 찾으려고 이리저리 돌아다녀도 안 보이시더군요. 너무 죄송해서 엉엉 울었습니다. 제가 바보였어요. 진작 알았어야 했는데, 며칠 전부터 아버님께서 저 먹으라고 봉지에 들려주시던 과일과 과자들이 아버님께서 어떻게 일해서 사 오신 것인지를….

못난 며느리 눈치 안 보셔도 되는데 그게 불편하셨던지 아들 집 오셔서도 편하게 못 지내시고 눈치만 보시다가 불편하신 몸 이끌고 그렇게 일하고 있으셨다니. 친정 아빠도 고생만 하시다가 돌아가셨는데 돌아가신 아빠 생각도 나고 해서 한참을 펑펑 울었습니다. 아버님께서 매일 나 때문에 내가 미안하다면서 제 얼굴을 보면서 말씀하시는데 눈물이 멈추지 않았어요. 아버님 손 첨 만져 봤지만요. 심하게 갈라지신 손등과 굳은살 박인 손에 마음이 너무 아팠어요. 남편이 아버님께 그런 일 하지 말라고. 제가 더 열심히 일해서 벌면 되니까 그런 일 하지 말라고. 아버님께 확답을 받아 낸 후 세 명 모여서 저녁을 먹었습니다.

오늘 남편이 노는 날이라 아버님 모시고 시내 나가서 날이 좀 쌀쌀해져서 아버님 점퍼 하나랑 신발을 샀습니다. 한사코 괜찮다고 하시던 아버님께 제가 말씀드렸어요. "자꾸 그러시면 제가 아버님 눈치 보여서 힘들어요!" 이렇게 말씀드렸더니 고맙다고 하시면서 받으시더라고요. 그리고 집에 아버님 심심하실까 봐 케이블 TV도 신청했고요. 아버님께서 스포츠를 좋아하시는데 오늘 야구 방송이랑 낚시 방송 보시면서 너무 즐거워하시더군요. 조용히 다가가서 아버님 어깨를 만져 드리는데, 보기보다 정말 왜소하시더군요. 제가 꽉 잡아도 부서질 것만 같은 그런 아버님의 어깨, 지금까지 고생만 하시고 자식들 뒷바라지하시느라 평생 헌신하시면서 살아오셨던 아버님의 그런 자취들이 느껴지면서 마음이 또 아팠네요.

남편한테 말했어요. 저 평생 아버님 정말 친아버지처럼 생각하고 모신다고요. 비록 지금은 아버님께서 불편해하지만, 언젠가는 친딸처럼 생각하시면서 대해 주실 때까지 정말 잘할 거라고요. 마지막으로 아버님, 저 눈치 안 보셔도 돼요. 제가 그렇게 나쁜 며느리 아니잖아요. 저 아버님 싫어하지 않고 정말 사랑해요. 아버님, 그러니 항상 건강하시고 오래오래 사셔야 해요. 그리고 두 번 다시 그렇게 일 안 하셔도 돼요. 저 허리띠 졸라매고 알뜰하게 살게요. 아버님! 사랑해요.

　형제자매 여러분, 참으로 감동적인 편지입니다. 장남도 아닌, 작은아들 집에 가서 사셔야 했던 아버지께서 지셨던 십자가, 작은아들과 며느리가 받아들여야 했던 십자가, 자기 자신을 버리고 십자가를 잘 지고 갔기 때문에 진정 시아버님을 사랑하도록 하느님께서 배려해 주셨습니다. 정말 친딸처럼 사랑 듬뿍 받을 것입니다. 이런 며느리 있으면 얼마나 좋겠습니까?

> "누구든지 제 십자가를 짊어지고 내 뒤를 따라오지 않는 사람은 내 제자가 될 수 없다."(루카 14, 27) 아멘.

사랑하는 딸아, 애미다

　형제자매 여러분, 요즘 청소년 문제가 심각합니다. 어느 날 학교 잘 다니던 딸이 가출했습니다. 친구들로부터 서울 어디에 있다는 소식을 들었습니다. 핸드폰 연락도 되지 않고 참으로 막막했습니다. 그래서 그의 어머니는 무작정 상경했습니다.

　형제자매 여러분, 그 넓은 서울에서 어떻게 딸을 찾을 수 있겠습니까? 딸의 사진을 배포하고 경찰에 신고하면 찾을 수 있겠습니까? 그런데 그의 어머니는 결코 딸의 사진을 배포하지도 경찰에 신고하지도 않았습니다. 반면에 자기 자신의 사진을 곳곳에 다니면서 붙였습니다. 왜 딸의 사진이 아니라 자신의 사진을 붙였겠습니까? 그런데 그 어머니의 사진 밑에 다음과 같은 글을 썼습니다. 형제자매 여러분, 과연 그 어머님은 자신의 사진 밑에 어떤 글을 함께 썼겠습니까?

　"사랑하는 딸아, 애미다! 어서 돌아오너라."

- 너를 애타게 기다리는 엄마가

그리고 엄마의 핸드폰 번호를 그다음에 적었습니다. 서너 달이 되도록 서울 시내 곳곳을 돌아다니며 골목마다 붙였습니다. 발이 퉁퉁 부었습니다. 얼마나 고생이 많았겠습니까?

형제자매 여러분, 어느 날 드디어 딸에게서 전화가 왔습니다. 딸이 울면서, "엄마, 엄마, 미안해! 용서해 줘!" 애타게 찾는 엄마의 마음이 통했습니다. 딸을 감동하게 했습니다.

형제자매 여러분, 엄마의 마음은 곧 오늘 복음의 하느님 아버지의 마음입니다. 아흔아홉 마리를 그대로 둔 채 잃은 한 마리 양을 애타게 찾아 나서는 목자의 마음과 같습니다. 집 나간 방탕한 아들을 '오늘 아니면 내일이라도 돌아오겠지.' 하면서 이제나 그제나 애타게 기다리시는 아버지의 마음, 가출한 딸을 기다리는 어머니의 마음이 곧 우리가 믿는 하느님 아버지의 마음입니다. 이것이 오늘 복음의 요점입니다.

"아버지, 제가 하늘과 아버지께 죄를 지었습니다. 저는 아버지의 아들이라고 불릴 자격이 없습니다. 그러나 아버지는 종들에게 일렀다. '어서 가장 좋은 옷을 가져다 입히고 손에 반지를 끼우고 발에 신발을 신겨 주어라. 그리고 살진 송아지를 끌어다가 잡아라. 먹고 즐기자. 나의 이 아들은 죽었다가 다시 살아났고 내가 잃었다가 도로 찾았다.' 그리하여 그들은 즐거운 잔치를 벌이기 시작하였다."(루카 15, 21-24) "나와 함께 기뻐해 주십시오. 잃었던 내 양을 찾았습니다."(루카 15, 5) "나와 함께 기뻐해 주십시오. 잃었던 은전을 찾았습니다."(루카 15, 9) 다 똑같은 맥락입니다.

형제자매 여러분, 이렇게 하느님 아버지께서는 죄인 하나가 회개하여 돌아왔을 때, 기쁨으로 반기시는 그런 분이십니다. 가출한 딸을 찾기 위해 서울 시내 골목골목을 헤매고 다니면서 간절히 돌아오기를 기다리는 어머니처럼, 오늘도 우리 하느님 아버지께서는 죄인이 회개하여 당신 품 안으로 돌아오기를 고대하고 계십니다. 이런 하느님 아버지의 마음을 헤아려 우리 모두 냉담자 회두를 위해서 발로 뛰면서 노력하시면 좋겠습니다.

형제자매 여러분, 가출한 딸은 엄마의 마음을 알았습니다. "사랑하는 딸아, 애미다! 어서 돌아오너라. 너를 애타게 기다리는 엄마가." 가출한 딸이 엄마의 마음을 알았듯이 냉담자들이 하느님 아버지의 마음을 알 수 있도록 열심히 기도해야 하겠습니다.

> "회개할 필요가 없는 의인 아흔아홉보다 회개하는 죄인 한 사람 때문에 더 기뻐할 것이다."(루카 15, 7) 아멘!

필사즉생 필생즉사
必死卽生 必生卽死

형제자매 여러분, 명량해전(鳴梁海戰) 잘 알고 계시지요? 명량
대첩(鳴梁大捷)이라고도 합니다. 이 명량해진, 명량대첩(鳴梁大捷)
은 1597년(선조 30년) 음력 9월 16일 정유재란 때 이순신 장군
이 지휘하는 조선 수군 배 13척을 가지고 명량에서 일본 수군
300여 척을 격퇴한 해전을 말합니다. 이 명량해전은 크게 이겼
기 때문에 "명량대첩"이라고 부릅니다. 이순신 장군은 일본 수
군의 기동 보고를 받고 명량대첩 전날인 음력 9월 15일, 장병
들을 불러 모았습니다. 그리고 장병들에게 "병법에 이르기를
'반드시 죽고자 하면 살고, 반드시 살고자 하면 죽는다(必死卽生
必生卽死)'라고 하였고, 또 '한 사람이 길목을 지키면 천 명도 두
렵게 할 수 있다[7]'라고 했는데, 이는 오늘의 우리를 두고 이른
말이다. 너희 여러 장수가 조금이라도 명령을 어기는 일이 있
다면 즉시 군율을 적용하여 조금도 용서치 않을 것이다."라고
말하면서, 장병들과 죽기를 각오하고 싸울 것을 결의하였다고

---

7) 일부당경 족구천부(一夫當逕 足懼千夫)

합니다. 그 결과 명량해전은 대승을 거두었습니다. 명량대첩은 일본군의 전략을 모조리 무산시킨 해전이었을 뿐만 아니라, 이순신 장군과 휘하 장수들, 이름 없는 군사들과 백성들, 그들의 강인한 투지와 저력이 이루어 낸 쾌거였습니다.

　이것은 "필사즉생 필생즉사(必死卽生 必生卽死)"라는 이순신 장군의 말씀에 따라 싸운 결과라고 생각해 볼 수 있습니다. 형제자매 여러분, 이순신 장군이 한 번이라도 성경을 읽어 본 적이 있었겠습니까? 없었겠습니까? "필사즉생 필생즉사"라는 말을 생각해 볼 때, 성경을 아마 한 번이라도 읽은 적이 있지 않나 생각해 볼 수 있습니다. 왜냐하면, 예수님께서 바로 "필사즉생 필생즉사"라는 말씀을 오늘 복음을 통해서 분명히 말씀해 주셨기 때문입니다. "정녕 자기 목숨을 구하려는 사람은 목숨을 잃을 것이고(生卽死), 나 때문에 자기 목숨을 잃는 그 사람은 목숨을 구할 것이다(必死卽生)."(루카 9, 24) 일맥상통하지 않습니까? 사실 이순신 장군이 이 말씀을 하신 것은 중국의 오자병법을 공부했기 때문입니다.

　吳子曰(오자왈) : "必死則生(필사칙생), 幸生則死(행생칙사)" 즉 "죽기를 각오하면 살 것이요, 요행히 살려고 하면 죽을 것이오."라고 했는데, 이순신 장군이 남긴 "필사즉생 필생즉사 (必死卽生 必生卽死)"는 바로 오자병법에서 비롯됐다고 생각해 볼 수 있습니다.

　형제자매 여러분, 아마 이 세상에 "필사즉생" 죽기 살기로 무엇을 한들 안 될 일이 있겠습니까? 오늘 우리는 성 김대건 안드레아 사제와 성 정 하상 바오로와 동료 순교자들 대축일을 경축하고 있습니다. 곧 한국 순교자 대축일을 경축하고 있습니다. 바로 이 땅의 순교자들은 "필사즉생 필생즉사"라는 말씀에 따라 사셨기에 순교의 영광을 차지하셨습니다. 주님을 위해서 목숨을 바치는데 어찌 두렵지 않았겠습니까? 처자와 작별해야 하는데 어찌 거리낌이 없었겠습니까? 그 끔찍한 환난이나 칼이 두렵지 않았겠습니까? 그들은 단 한마디 "나는 천주를 믿지 않겠다!" 이 말만 하면 살아날 수 있었는데도 그들은 그렇게 하지 않았습니다. "필사즉생 필생즉사"라는 말씀을 너무나도 잘 알고 있었기 때문입니다.

오늘 독서에서 바오로 사도는 "무엇이 우리를 그리스도의 사랑에서 갈라놓을 수 있겠습니까? 환난입니까? 역경입니까? 박해입니까? 굶주림입니까? 헐벗음입니까? 위험입니까? 칼입니까?"(로마 8, 35), "나는 확신합니다. 죽음도, 삶도, 천사도, 권세도, 현재의 것도, 미래의 것도, 권능도, 저 높은 곳도, 저 깊은 곳도, 그 밖의 어떠한 피조물도 우리 주 그리스도 예수님에게서 드러난 하느님의 사랑에서 우리를 떼어 놓을 수 없습니다."(로마 8, 37)

바로 순교자들은 "필사즉생 필생즉사"라는 주님의 말씀을 너무나도 잘 알고 있었기 때문입니다. 바로 이 말씀을 실천한 것입니다. 또한, 오늘 복음에서 "필사즉생 필생즉사"라는 삶을 살기 위해서 우리가 어떻게 해야 하는가? 주님이신 그리스도를 따르기 위해서 어떻게 해야 하는가? 그 길을 즉 정도(正道)를 가르쳐 주고 있습니다. 형제자매 여러분, 그 정도가 무엇이겠습니까? 그 정도는 "누구든지 내 뒤를 따라오려면, 자신을 버리고 날마다 제 십자가를 지고 나를 따라야 한다."(루카 9, 23)라는 말씀입니다. 바로 이 말씀대로 실천하면 소위 불교에서 말하는 도(道)를 깨칠 수 있다는 것입니다. 천국에 갈 수 있다는 것입니다.

첫째, 예수님을 따르자면, 자신을 버려야 한다는 것입니다. 자신을 버린다는 것은 모든 것을 끊는다는 것입니다. 욕망, 물질, 쾌락, 재산 등등 이런 것들을 헌신짝처럼 버려야 한다는 것입니다. 소위 비워야 한다는 것입니다. 비워야 채울 수 있지 않겠습니까? 곧 십자가 사랑으로 채워야 한다는 것입니다. 이 십자가의 사랑은 어떠한 사랑입니까? 조건 없는 사랑입니다. "네가 이것 해 주면 나도 그것 해 줄 게가 아니라." 조건 없이 베풀고 사랑하라는 것입니다.

두 번째 조건은 자신의 십자가를 지고 따라야 한다는 것입니다. 자기 집 영감님이 노망이 들었어도 자신의 십자가로 받아들이고 기쁜 마음으로 지고 가야 한다는 것입니다. 아마 자신의 십자가는 여러 가지가 있을 수 있습니다. 자신이나 가족이 앓고 있는 병고 때문에 져야 할 십자가, 어떤 사람은 가난 때문에 짊어져야 할 십자가, 어떤 사람은 괴롭히는 가족이나 자식

때문에 져야 할 십자가, 이웃 때문에, 술주정이나, 도박 때문에 애간장을 태우며 한숨을 쉬어야 하는 십자가, 원수처럼 지내는 이웃 때문에, 여러 가지 신체장애 때문에 겪어야 하는 십자가, 간혹 성당에 못 나가게 하거나 신앙 행위를 방해할 때 이를 어찌해야 하겠습니까? 어떨 때는 그만 다 내려놓고 싶을 때도 있을 것입니다. 훌훌 떠나고 벗어 버리고 싶을 때도 있을 것입니다. 그러나 예수님께서는 자신의 십자가를 지고 나를 따라야 한다고 말씀하셨습니다.

오늘 우리가 기리는 한국 순교자들은 기꺼이 모든 것을 버리고 자신의 십자가를 지고 주님을 따랐습니다. 우리는 비록 선조들처럼 목숨을 바쳐 피를 흘려 순교는 못 할지언정, 자신에게 죽고 사랑을 실천하며 자기의 십자가를 슬기롭게 지고 갈 때, 이런 것도 또 하나의 순교라고 생각해 볼 수 있을 것입니다. 바로 이런 삶을 현대적인 순교라고 말할 수 있지 않겠습니까?

형제자매 여러분, 오늘 주님의 말씀 "필사즉생, 필생즉사" 결코, 잊지 맙시다! 우리 신앙 선조 순교자들은 바로 그런 삶을 사셨습니다. 오늘 한국 순교자 대축일을 경축하면서 우리 선조들을 자랑스럽게 생각하며 그 후손답게 아주 열렬한 마음으로 용감하게 주님을 증언할 수 있는 신앙인이 되도록 특별히 이 제사를 통해서 열심히 기도해야 하겠습니다.

형제자매 여러분, "정녕 자기 목숨을 구하려는 사람은 목숨을 잃을 것이고, 나 때문에 자기 목숨을 잃는 그 사람은 목숨을 구할 것이다."(루카 9, 24)라는 오늘 복음 말씀을 한자 8자로 표현하면 무엇이 되겠습니까? "필사즉생 필생즉사(必死卽生 必生卽死)!"입니다. 다 함께 따라 해 봅시다.

　　"필사즉생 필생즉사(必死卽生 必生卽死)!" 아멘!

경주 최 부자 집의 가훈

형제자매 여러분, "부자가 3대를 못 간다."라는 말이 있습니다. 그러나 경주 최 부자 집의 만석꾼 전통은 이 말을 비웃기라도 하듯 1600년에서 1900년 중반까지 무려 300년 동안 12대를 내려오면서 만석꾼의 전통을 이었습니다. 1950년 마지막에는 전 재산을 스스로 영남대 전신인 대구대학에 기증함으로써 스스로 역사의 무대 위로 던지고 사라졌습니다. 그러면 300년을 넘게 만석꾼 부자로 지켜올 수 있었던 비결은 과연 무엇이었겠습니까? 그 비결은 무엇보다도 최 부자 집 가훈에 있다고 해도 과언이 아닐 것입니다. 왜냐하면, 최 부자 집 가문이 지켜온 가훈은 오늘날 우리에게 뭔가 많은 것을 생각하게 하기 때문입니다.

그 가훈을 살펴보면 다음과 같습니다.

1. 절대 진사 이상의 벼슬은 하지 말라.
   높은 벼슬에 올랐다가 세파에 휘말려 집안에 화를 당할 수 있다.
2. 재산은 1년에 1만석 이상을 모으지 말라.

지나친 욕심은 화를 부른다. 일 만석 이상의 재산은 이웃과 사회에 환원한다.

3. 나그네를 후하게 대접하라.

누가 와도 넉넉히 대접하여 푸근한 마음을 갖게 한 후 보냈다.

4. 흉년에는 남의 논밭을 매입하지 말라.

흉년에 먹을 것이 없어서 남들이 싼값에 내놓은 논밭을 사서 그들을 원통하게 해서는 안 된다.

5. 가문에 며느리들이 시집오면 3년 동안 무명옷을 입혀라.

내가 어려움을 알아야 다른 사람의 고통을 헤아릴 수 있다.

6. 사방 100리 안에 굶어 죽는 사람이 없게 하라.

특히 흉년에는 양식을 풀어 이웃에 굶는 사람이 없게 하라.

- 경주 최 부자 집 300년 부의 비밀 중

형제자매 여러분, 경주 최 부자 집 가훈만 보더라도 부자이면서 부자다운 넉넉한 마음, 어렵고 가난한 이웃을 헤아리는 마음을 엿볼 수 있습니다. 최 부자 가문의 마지막 부자였던 최준 (1884-1970) 씨의 결단은 또 하나의 인생의 사표(師表)가 됩니다. 자신이 못다 푼 신학문의 열망으로 영남대학의 전신인 대구대학교와 청구대학교를 세웠고, 백산상회를 세워 독립자금을 지원했다고 합니다. 또한, 그는 노스님에게서 받은 다음의 금언을 평생 잊지 않고 실천했다고 합니다. "재물은 분뇨(똥거름)와

같아서 한곳에 모아 두면 악취가 나 견딜 수 없고 골고루 사방
에 흩뿌리면 거름이 되는 법이다."

형제자매 여러분, 그렇습니다. 재물은 똥거름과 같아서 한곳
에 모아 두면 악취가 나 견딜 수가 없고 골고루 사방에 흩뿌리
면 거름이 되는데 사람들은 무작정 모으려고만 합니다. 오늘
복음에서 예수님께서는 "부자와 라자로의 비유"를 말씀하고
있습니다만, 부자는 호의호식하면서 인생을 즐겼습니다. 반면
에 거지 라자로는 부잣집 대문간에 더러 누워 떨어지는 빵부스
러기로 연명합니다. 온몸이 종기투성이인데 개들이 그 종기를
핥습니다. 참으로 처량한 신세가 되었습니다. 그러나 부자는
거지 라자로를 대문간에서 쫓아내지도, 동냥 그릇을 발로 걷어
차지도 않았습니다. 그런데 죽어서 부자는 소위 말하는 지옥으
로 가고 거지는 아브라함 품, 천국으로 갔다는 것입니다. 인생
역전입니다.

형제자매 여러분, 오늘 복음의 "부자와 라자로의 비유"는 무
엇을 말해 주고 있습니까? 첫째로, 현세의 삶이 천국까지 연장
되지 않는다는 것입니다. 왜 부자가 하느님으로부터 저버림을
받아 지옥 불에서 고통을 당해야만 했겠습니까? 그 이유는 간
단합니다. 이웃에 대한 "무관심"입니다. 부자는 거지 라자로에
게 아무런 잘못도 하지 않았습니다. 대문간에 드러누워 있는
가련한 거지 라자로에게 몹쓸 짓을 조금도 하지 않았지만, 너

무나 무관심했기 때문에 사랑과 자비를 베풀지 않았습니다. 조금 전에 말씀드린 경주 최 부자를 생각해 보면 알 수 있을 것입니다. 1년에 만 석 이상은 모으지 않았고, 그 나머지는 모두 다 이웃과 사회에 환원했다고 합니다. 더 나아가 사방 100리 안에 굶어 죽는 사람이 없게 했다고 했지요. 특히 흉년에 양식을 풀어 굶어 죽는 사람이 한 사람도 없게 했다고 합니다. 바로 이렇게 경주 최 부자 집처럼 이웃에 사랑과 관심을 가지고 살았다면 하느님께서 어찌 이런 부자를 저버릴 수 있겠습니까?

형제자매 여러분, "부자와 라자로의 비유"를 생각하면서 좀 더 이웃에게 사랑과 관심을 가지고 자비를 베풀 수 있도록 노력하는 신앙인이 되어야 하겠습니다.

> "너는 살아 있는 동안에 좋은 것들을 받았고 라자로는 나쁜 것들을 받았음을 기억하여라. 그래서 그는 이제 여기에서 위로를 받고 너는 고초를 겪는 것이다."(루카 16, 25) 아멘!

손을 놓아라

형제자매 여러분, 우리는 어제 국군의 날을 지냈습니다만, 오늘 군인 주일을 맞이해서 군 사목에 수고하시는 군종신부님들과 국군장병들을 생각하면서 그분들의 노고에 감사드려야 하겠습니다. 또한, 2차 헌금을 통해서 따뜻한 사랑을 나누고 그들을 위해서 특별히 이 미사를 통해서 기도할 수 있도록 해야 하겠습니다.

형제자매 여러분, 믿음(信仰)이 무엇입니까? 한자로 "믿을 신(信)", "우러러볼 앙(仰)" 자를 씁니다. 믿는다는 동사는 라틴어의 Credere에서 왔다고 합니다. 이 Credere는 Cor(심장) + Dere(주다)란 두 단어의 합성어랍니다. 그러니까 그 뜻은 "심장을 준다, 마음을 준다, 다 준다."라는 뜻입니다. 즉 "믿는 대상을 위해 심장을, 마음을 준다, 다 준다."라는 뜻입니다.

형제자매 여러분, 여러분은 하느님을 믿습니까? 그렇다면, 여러분은 하느님께 심장을 줄 수 있겠습니까? 그렇다면 여러분은 하느님께 심장을 내어 줄 뿐만 아니라, 순교자들처럼 목숨을 바칠 각오가 서 있습니까? 이처럼 하느님을 사랑하는 마음과 삶,

이것이 믿음이고 신앙입니다.

　어떤 분이 가을 단풍 등산 갔다가 늦게 하산하다가 어둠 속에서 바위산을 내려오다 미끄러졌습니다. 날은 어두워 보이지를 않고 미끄러져 내려오다 다행히도 돌부리를 잡았습니다. 그는 칠흑과도 같은 어둠의 한 가운데에서 사력을 다해 돌부리를 붙잡고 있었습니다. 겨우 벼랑 끝에 매달린 것입니다.

　"하느님 제발 살려 주세요!" 그 남자는 간절한 목소리로 하느님을 찾았습니다. 그 목소리가 얼마나 간절했던지 마침내 하느님께서 그에게 대답했습니다. "손을 놓아라!", "예?", "살려거든 네가 지금 움켜쥐고 있는 그 돌부리를 놓으란 말이다.", "그게 무슨 말씀이세요? 하느님! 농담하시지 마시고 제발 줄이라도 하나 내려 주세요!" 더 꽉 붙잡아도 모자랄 판에 손을 놓으라니 남자는 자신의 귀를 의심하면서 하느님께 되물었습니다. 하지만 하느님께서는 같은 말만 반복했습니다. 여러분은 이 경우에 하느님 말씀대로 손을 놓겠습니까?

　참다못한 남자는 하늘을 향해 소리쳤습니다. "거기 하느님 말고 다른 분 없어요? 누가 나 좀 살려 주세요!" 눈물을 흘리며 간절히 애원했지만, 하늘에서는 이제 더는 어떤 목소리도 들려오지 않았습니다. '그래, 날이 밝으면 누군가가 나를 구해 줄 거야 그때까지만 버텨 보자.' 남자는 해가 떠오르기만을 간절히 기다리며 사력을 다해 벼랑 끝 돌부리에 매달렸습니다. 조금만 더, 더…. 마침내 동이 트고 주위가 환해졌습니다.

"어이, 당신! 거기서 뭐 해요?" 지나가던 등산객이 남자를 발견하고 물었습니다. "살려주세요. 나 좀 살려 주세요!" 남자는 돌부리를 쥔 손에 더욱 힘을 주며 소리쳤습니다. "그 손을 놓으세요.", "네?", "그 손을 놓으시라고요!" 이상하게도 등산객은 하느님께서 말씀하신 대로 똑같은 말을 했습니다. "뭐야, 모두 나보고 죽으란 말인가?" 순간 자신의 발아래를 내려 다 본 남자는 너무 놀라 입을 다물지 못했습니다. 자신이 낭떠러지라고 생각했던 그곳, 자신의 발 30cm 밑에는 땅바닥이 기다리고 있었던 것입니다. 마음을 놓고 그제 서야 돌부리를 잡았던 손을 놓자 땅에 떨어져 쓰러지고 말았습니다[8].

형제자매 여러분, 예화의 그 형제는 "손을 놓아라!"라는 하느님의 말씀을 믿지 못했기 때문에, 반은 초죽음 되었던 것입니다. 이렇게 신앙이란, 다 주는 것입니다. 비록 죽을지라도 하느님 말씀에 순종하는 것입니다. "겨자씨 한 알만 한 믿음이라도 있으면, 이 돌 무화과나무 더러 뽑혀서 바다에 심겨라 해도 그대로 될 것"(루카 17, 6)이라는 확고한 신념이 필요합니다. 하느님께서 "그 손을 놓아라." 할 때 그 말씀대로 놓을 수 있는 확고한 신념이 필요합니다. 우리 모두 그런 확고한 믿음을 주실 수 있도록, 제자들처럼 "주님, 저희에게 믿음을 더하여 주십시오."라고 간청해야 하겠습니다.

---

8) 유쾌한 소통의 법칙 中

형제자매 여러분, 또한 오늘 복음에서 믿는 사람들, '신앙인의 자세는 바로 이러해야 한다.'라는 것을 보여주고 있습니다. 무엇보다도 봉사활동이나 본당활동에 있어서 참으로 중요한 자세는 겸손입니다. 그런데 가장 큰 위험은 박수갈채입니다. 우리가 가끔 망각하는 것은 인정받고 싶은 욕구입니다. 남이 알아주기를 바라는 마음입니다. 그래서 어떤 사람은 동네방네 떠벌입니다. 진정 믿는 이들의 자세는 오늘 복음 말씀대로 분부를 다 하고 나서 "저희는 쓸모없는 종입니다. 해야 할 일을 하였을 뿐입니다."(루카 17, 10) 이렇게 답할 수 있는 겸손한 신앙인이 되어야 하겠습니다.

"주님, 저희에게 믿음을 더하여 주십시오."(루카 17, 5)
"그저 해야 할 일을 하였을 뿐입니다."(루카 17, 10) 아멘!

아홉은 어디에 있느냐

형제자매 여러분, 〈전라도 길〉하면 생각나는 시인이 누구십니까?

부제목은 〈소록도로 가는 길〉이며, 한하운(韓何雲) 시인입니다. 1920년 함경남도 함흥에서 출생했습니다. 중국 농업대학을 졸업한 후 함남도청, 경기도청 등에서 근무하다가 나병에 걸려 사직을 하고 고향에서 치료하다가 1948년에 월남했습니다.

1949년에 제1 시집 《한하운 시초(詩抄)》를 간행하여 나병 시인으로서 화제를 낳았습니다. 이어 제2 시집 《보리피리》를 간행하고, 1956년 《한하운 시 전집》을 출간하였습니다. 1958년 자서전 《나의 슬픈 반세기》, 1960년 자작시 해설집 《황토(黃土)길》을 냈습니다. 나병에 걸린 자신의 천형(天刑)의 병고를 구슬프게 읊은 그의 시는 애조 띤 가락으로 많은 사람의 심금을 울렸습니다.

그 대표적인 시 몇 가지를 소개하겠습니다.

전라도 길

- 소록도(小鹿島)로 가는 길

가도 가도 붉은 황톳길
숨 막히는 더위뿐이더라
낯선 친구 만나면
우리들 문둥이끼리 반갑다

천안(天安) 삼거리를 지나도
쑤세미 같은 해는 서산(西山)에 남는데

가도 가도 붉은 황톳길
숨 막히는 더위 속으로 쩔름거리며 가는 길

신을 벗으면
버드나무 밑에서 지까다비를 벗으면
발가락이 또 한 개 없어졌다

앞으로 남은 두 개의 발가락이 잘릴 때까지
가도 가도 천리(千里)길, 먼 전라도 길.

손가락 한 마디

간밤에 얼어서
손가락이 한 마디
머리를 긁다가 땅 위에 떨어진다

이 뼈 한 마디 살 한 점
옷깃을 찢어서 아깝게 싼다
하얀 붕대로 덧싸서 주머니에 넣어둔다

날이 따스해지면
남산 어느 양지 터를 가려서
깊이깊이 땅 파고 묻어야겠다.

나는 문둥이가 아니올시다

아버지가 문둥이올시다
어머니가 문둥이올시다
나는 문둥이 새끼올시다
그러나 정말은 문둥이가 아니올시다

하늘과 땅 사이에
꽃과 나비가

해와 별을 속인 사랑이
목숨이 된 것이올시다

세상은 이 목숨을 서러워서
사람인 나를 문둥이라 부릅니다

호적도 없이
되씹고 되씹어도 알 수는 없어
성한 사람이 되려고 애써도 될 수는 없어
어처구니없는 사람이올시다

나는 문둥이가 아니올시다
나는 정말로 문둥이가 아닌
성한 사람이올시다.

　형제자매 여러분, 나병에 걸려 손가락이 하나둘 떨어져 나가
고 또 발가락도 하나둘 떨어져 나갑니다. 그것을 붕대에 싸서
땅을 파고 묻습니다. 그 심정이 어떠하겠습니까? 하루아침에
코가 문드러지고 입이 비뚤어지고 차마 흉측해 볼 수가 없습니
다. 지나가는 아이들이 "문둥이, 문둥이"라고 하면서 돌을 던
집니다. "나는 문둥이가 아니올시다. 사람이올시다."라고 외쳐
도 소용이 없습니다. 형제자매 여러분, 만약 내가 이런 신세가
되었다면 여러분은 어떻게 하시겠습니까?

형제자매 여러분, 오늘 복음 말씀을 보면, 이런 나환자, 문둥이 열 사람이 가까이 오지도 못하고 멀찍이 서서 주님께 외칩니다. "예수님, 스승님! 저희에게 자비를 베풀어 주십시오." 얼마나 간절하게 외쳤겠습니까? 그래서 주님께서는 "가서 너희의 몸을 사제에게 보여라."라고 하셨습니다. 왜냐하면, 그 당시에 이런 병에 걸린 사람의 치유 확인은 사제가 해 주었기 때문입니다. 그런데, 그들이 가는 동안에 몸이 깨끗해졌다는 것입니다. 얼마나 기뻤겠습니까? 춤이라도 덩실덩실 추었을 것입니다. 그들 가운데 한 사람은 병이 나은 것을 보고 하느님을 찬양하며 돌아와, 예수님의 발 앞에 엎드려 감사를 드렸는데, 사마리아 사람, 곧 자국민이 아니라 외국인이었습니다. 그러자 예수님께서 말씀하십니다. "열 사람이 깨끗해지지 않았느냐? 그런데 아홉은 어디에 있느냐?"

형제자매 여러분, 주님의 이 물음에 여러분들은 뭐라고 답하시겠습니까? 형제자매 여러분, 이솝우화에 나오는 "두루미와 여우" 이야기 잘 아시지요?

어느 날 여우가 급히 생선을 먹다가 그만 목에 가시가 걸렸습니다. 물을 마셔도 아무리 캑캑거려도 가시는 빠지지 않았습니다. 그래서 두루미를 찾아가 통사정을 했습니다. "만약에 목에 걸린 가시를 빼내 주면 내가 후사하겠네. 제발 빼내주게. 목이 아파 죽을 지경이네."라고 애걸복걸했습니다. 그래서 두루미는 긴 목을 쭉 뻗어 목구멍으로 머리를 잡아넣고 부리로 가시를 집어내 빼 주었습니다. 그러자 여우는 "아휴, 시원해! 이젠 살 만하다."라고 하면서 유유히 사라집니다. 그때 두루미는 여우를 불러 세웠습니다. "가시를 빼내 주면 후사하겠다더니 어떻게 고맙다는 말도 없이 사라지냐? 이 못된 놈아?" 그러니까 여우가 하는 말, "네가 내 목 안에 머리를 집어넣어 가시를 뺄 때 내가 칵! 안 물은 것을 다행으로 생각해라! 이 맹추야?"

형제자매 여러분, 이런 배은망덕한 여우 놈을 어떻게 해야 하겠습니까? 이 배은망덕한 여우나 오늘 복음에 나오는 아홉 명의 나환자는 서로 일맥상통합니다. "예수님, 스승님, 저희에게 자비를 베풀어 주십시오." 하고 주님께 간절히 애걸복걸하더니 치유받고 그들은 어떻게 했습니까? 형제자매 여러분, 감사드리러 돌아오지 않은 아홉 사람, 과연 누구이겠습니까? 어쩌면 현세를 살아가고 있는 우리가 아닌지도 모르겠습니다.

형제자매 여러분, 공자가 가장 싫어하는 인간의 유형을 네 가지로 말했습니다. 그것이 무엇인지 알고 계십니까?

첫째는 모든 것을 자기가 다 한 것처럼 행동하는 사람입니다. 두 번째는 앞에서는 달콤한 말로 상대를 칭찬하면서도 뒤에서 상대방을 험담하는 사람입니다. 그리고 세 번째는 자기가 아니면 안 된다고 생각하는 사람입니다. 마지막으로는 배은망덕한 사람입니다. 배은망덕이란 은혜를 모르는 것입니다. 남에게 받은 은덕을 저버리고 감사를 모르는 것입니다. 그러므로 형제자매 여러분, 오늘 복음의 사마리아 사람처럼 받은 은혜에 진심으로 감사드리고 매사에 감사하는 신앙인이 되어야 하겠습니다. 그럴 때 주님께서는 "일어나 가거라. 네 믿음이 너를 구원하였다."라고 선언해 주실 것입니다.

"열 사람이 깨끗해지지 않았느냐? 그런데 아홉은 어디에 있느냐?"(루카 17, 17) 아멘!

기도란 하느님과의 우정 관계

형제자매 여러분, 옛날 초등학교 다닐 때 읽은 동화 《알라딘과 요술램프》 아시지요? 알라딘이 요술램프를 쓱쓱 문지릅니다. 펑 하더니 지니 요정이 나타나서 "부르셨습니까? 주인님, 세 가지 소원을 들어드리겠습니다." 이런 요정이 나타나서 세 가지가 아니라, 단 한 가지 소원만이라도 들어준다면 얼마나 좋겠습니까? 형제자매 여러분, 우리가 기도하면 즉시 하느님께서 이 요정처럼 우리의 기도를 들어주시면 얼마나 좋겠습니까? 형제자매 여러분, 그러면 과연 기도가 무엇이겠습니까? 기도란 다름이 아니라 "하느님과의 우정 관계"라고 아빌라의 성녀 데레사는 말씀하셨습니다. 형제자매 여러분, 우정이 돈독해지려면 어떻게 해야 하겠습니까? 먼저 서로 간에 정을 돈독히 쌓아 올려야 하겠습니다.

형제자매 여러분, 오늘은 중국의 작가 "진웨준"이 들려주는 "진정한 우정을 굳게 다지는 8가지 방법"을 소개하면서 기도가 바로 "하느님과의 우정 관계"임을 생각해 보겠습니다.

1. 모든 인간관계의 기본전제인 신뢰심을 가져야 한다.

신뢰의 바탕 속에 우정이 무르익을 수 있다는 것입니다. 난 너를 믿는다. 역시 하느님과의 관계도 신뢰, 믿음에 바탕을 둬야 하지 않겠습니까? 하느님을 최대로 받들어 섬길 수 있는, 하느님께 모든 것을 맡길 있는, 모든 것을 바쳐도 아깝지 않고 오히려 기분이 좋은 이런 관계가 우정을 더욱더 돈독히 하게 됩니다.

2. 서로 속마음을 털어놓고 감정을 교류해야 한다.

친구와 좋은 감정을 계속 유지하려면 상대의 심리를 파악해야 합니다. 어떤 일에 호감을 느끼는지, 무엇을 좋아하는지, 똑같이 호감을 느껴야 동질성을 가져서 더 잘 통할 수 있습니다. 이 감정의 교류는 서로의 관계를 발전시켜주는 중요한 열쇠입니다. 역시 신앙에 있어서도 신앙인으로서는 하느님이 무엇을 좋아하시는지, 하느님의 뜻이 무엇인지를 알아야, 그러기 위해서 기도해야 합니다. 성경을 읽고 공부해야 합니다. 그래야만 하느님과 서로 공감대를 형성할 수 있고 통할 수 있습니다.

3. 잘못했을 때 용감하게 사과하면 영원한 우정을 얻을 수 있다.

친구 사이에 갈등이 있을 수 있습니다. 잘못을 인정하고 용감하게 사과를 할 때 우정이 돈독해질 수 있습니다. 역시 하느님께도 잘못을 인정하고 용서를 청해야 하겠습니다. 그러기에 고해성사를 통해서 죄를 고백하고 용서를 받음으로써 더욱더 하느님과 친밀해질 수 있습니다.

4. 보고 들은 것이 다 사실은 아니니 의심을 버리고 속단하지 마라.

친구를 절대로 의심해서는 안 된다는 것입니다. 자신의 생각에 의해서 결론을 내리고 종종 감정을 앞세워 조사나 이해 없이 자신의 추측이나 판단을 믿어서는 안 됩니다. 이것은 친구 간에 악영향을 미칩니다. 역시 신앙에 있어서도 비신자들의 얘기만 듣고 하느님을 의심하고 용하다는 무당을 불러들이고 점을 치러 다니거나 우상숭배를 하거나 다른 종교를 기웃거리는 행위들을 들 수 있습니다. 이런 행위들이 하느님과의 우정을 파기할 수 있습니다.

5. 친구의 비밀을 목숨처럼 지켜라.

그래야만 우정이 깨지지 않고 지탱할 수 있겠지요. 역시 하느님과의 우정을 지키기 위해서도 세례 때의 약속을 목숨처럼 지켜야 하지 않겠습니까? 믿습니다. 믿습니다. 약속해 놓고서 말입니다. 순교자들처럼 목에 칼이 들어와도 지켜야 하지 않겠습니까?

6. 가벼운 유머 속에 존중이 싹튼다.

오랜 친구 사이에 고상할 척도 격식도 필요 없습니다. 너무나도 잘 알고 있기 때문입니다. 불만을 유머로 한바탕 웃고 맺혔던 마음도 기분도 풀리게 마련입니다. 역시 하느님께도 기도로서 응석을 부리고 하느님 마음을 위로하면 어떻겠습니까? 하느님도 그것참 못 말리겠군! 하면서 웃으실 것입니다.

7. 친구의 입장을 고려하여 완곡하게 거절하라.

친구에게 상처를 주지 않고 난처할 때에 거절하기 쉽지 않습니다. 큰 손해를 보거나 상처를 입을 경우를 생각해 볼 수 있습니다. 그럴 경우엔 친구의 입장을 고려해 사정을 말하면서 완곡하게 거절해야 합니다. 역시 하느님께서도 기도를 못 들어주실 경우가 바로 이런 때입니다. 청하는 자의 영혼 사정에 해악이 되고 결코 도움이 되지 않을 때 하느님께서도 단호히 거절하십니다. 예를 들어 복권 당첨 기도입니다.

8. 예의와 인내로 갈등을 해소하라.

친구 사이에서 진정한 우정을 잃지 않으려면 인내심이 필요합니다. 예를 들어 친구가 당신이 싫어하는 일을 하게 된 경우 그 자리에서 티를 내선 안 됩니다. 예의를 지키며 인내심을 가져야 합니다. 친구와 정면 부딪히거나 갈등을 빚기보다 인내심을 가져야 합니다. 역시 하느님과의 관계도 금방 기도를 들어주시지 않았다 하더라도 끊임없이 인내심을 발휘하여 기도해야 하겠습니다.

형제자매 여러분, 지금까지 진정한 우정을 다지는 8가지 방법을 알아봤습니다만, 어떻게 보면 하느님과의 우정을 다지는 기도에도 적용할 수 있을 것입니다. 이런 관점에서 오늘 독서나 복음 말씀을 생각해 보면 좋겠습니다. 오늘 첫 번째 독서 탈출기에서는 이스라엘이 아말렉족과 싸우게 됩니다. 그런데 모세가 손을 들면 이스라엘이 우세하고, 손을 내리면 아말렉족이 우세하였다고 합니다. 모세의 손이 무거워지자 아론과 후르가 한 사람은 오른쪽과 왼쪽에서 모세의 팔을 받쳐 내려오지 않게 함으로써 전쟁에서 이겼다는 것입니다. 두 팔을 들어 민족을 위해 하느님께 의탁하면서 매달리며 기도했다는 것입니다. 기도로서 하느님과 끈끈한 유대를 가지고 신뢰하면서 인내심을 가지고 끊임없이 기도한 결과임을 말해 주고 있습니다. 팔이 아프다고 내리지 않았다는 것입니다. 그리고 제2 독서에서도 바오로 사도는 "말씀을 선포하십시오, 기회가 좋든지 나쁘든지, 꾸준히 계속하십시오. 끈기를 다하여 사람들을 가르치면서, 타이르고 꾸짖고 격려하십시오." 기회가 좋든지 나쁘든지 꾸준히 인내심을 가지고 복음을 선포하라는 것입니다. 그리고 역시 오늘 복음에서도 예수님께서는 낙심하지 말고 끊임없이 기도해야 한다는 뜻으로 비유를 말씀해 주셨습니다.

형제자매 여러분, 기도란, 알라딘의 요술램프가 아니라, 아빌라의 성녀 데레사가 말씀하셨듯이 "하느님과의 우정 관계"입니다. 이 우정 관계를 돈독히 하기 위해서 전제되는 조건은 무엇보다도 신뢰하는 마음을 가지고 인내심을 발휘하여 끊임없이 기도하는 것임을 명심해야 하겠습니다. 무엇보다도 "찾으면 얻을 것이고 두드리면 열릴 것이다."라는 주님의 말씀을 굳게 믿으면서 말입니다. 다 함께 따라 해 봅시다.

"낙심하지 말고 끊임없이 기도해야 한다."(루카 18, 1) 아멘!

전교는 아무나 하나,
눈이라도 마주쳐야지

오늘은 전교주일입니다. 여러분은, 전교를 해 보신 적이 있습니까? 5년 전 통계에 의하면 10명 중 7명은 전교를 해 본 적이 없다는 것입니다. 10명 중 고작 3명만 전교를 해 봤다는 것입니다. 그러니까 신자 중 70%는 전혀 전교하지 않았다는 것, 별로 해 본 적이 없다는 것입니다.

"자기가 믿지 않는 분을 어떻게 받들어 부를 수 있겠습니까? 자기가 들은 적이 없는 분을 어떻게 믿을 수 있겠습니까? 선포하는 사람이 없으면 어떻게 들을 수 있겠습니까?"(로마 10, 14)라는 바오로 사도의 오늘 독서 말씀은 당연합니다.

형제자매 여러분, 태진아가 부른 〈사랑은 아무나 하나〉라는 노래 아시지요? 그 가사를 보면, 다음과 같습니다.

사랑은 아무나 하나. 눈이라도 마주쳐야지.
만남의 기쁨도 이별의 아픔도 두 사람이 만드는 걸.

어느 세월에 너와 내가 만나 점하나를 찍을까.
사랑은 아무나 하나. 어느 누가 쉽다고 했나.
사랑은 아무나 하나. 사랑은 아무나 하나.

형제자매 여러분, 사랑은 그냥 이루어지는 것이 아니라 작은 인연으로 이루어진다는 것입니다. 우선 마음이 전해져야 합니다. 고백해야 사랑의 결실이 맺힐 수 있다는 것입니다.

"사랑은 아무나 하나, 눈이라도 마주쳐야지." 그렇습니다. "전교는 아무나 하나, 눈이라도 마주쳐야지!" 마음을 전하고 사랑을 고백해야 합니다. 복음을 전한다는 것은 마음으로 믿어서 신앙고백을 해야 합니다. 그래야 구체적으로 신앙의 열매를 맺을 수 있습니다. 고백 없이는 결코 신앙의 열매를 맺을 수 없습니다.

그러므로 형제자매 여러분, 이웃 사람들과 눈이라도 마주쳐 봅시다. 마음을 전해 봅시다. 언젠가 열매를 맺을 수 있을 것입니다. 그러므로 형제자매 여러분, 오늘 전교주일을 맞이하여 주님의 말씀을 명심하면서 새로운 다짐을 해야 하겠습니다. "너희는 가서 모든 민족을 제자로 삼아, 아버지와 아들과 성령의 이름으로 세례를 주고, 내가 너희에게 명령한 모든 것을 가르쳐 지키게 하여라."(마태 28, 19)라고 말씀하십니다. 이렇게 전교의 대상은 모든 민족, 모든 사람입니다. 곧 전교에는 예외 된 사람이 한 사람도 없다는 것입니다.

프란치스코 교황님께서는 언젠가 10월 전교의 달을 "특별 전교의 달"로 선포하시면서 무엇보다도 "세례받은 사람은 모두 선교사"라고 말씀하셨습니다. 그러므로 우리 모두 선교사로서 임무에 충실하도록 노력해야 하겠습니다. 상황이 좋든지 나쁘든지 간에 열심히 전교할 수 있도록 노력해야 하겠습니다. 전교는 우리 모두의 사명이기 때문입니다.

사랑은 아무나 하나 그다음 무엇이지요? (눈이라도 마주쳐야지…)
전교는 아무나 하나 그다음 무엇이지요? (눈이라도 마주쳐야지…)
잊지 맙시다!

그렇습니다. 특별 전교의 달 기도문 앞장에 "나는 (누구누구)에게 전교하기 위해 기도하고 노력하겠습니다." 구체적으로 냉담자나, 전교 대상자 이름을 꼭 적고 기도하면서 자주 눈이라도 마주치면서 방문하고 주님의 사랑을 전하도록 노력해 주시기 바랍니다. 주님께서는 언젠가는 반드시 응답을 주실 것입니다. 그래서 오늘 제2 독서에서 바오로 사도는 "곧 마음으로 믿어 의로움을 얻고, 입으로 고백하여 구원을 얻는다."(로마 10, 10)라고 말씀하십니다.

형제자매 여러분, 교황님께서 특별 전교의 달을 맞이해서 세례를 받은 여러분을 무엇이라고 말씀하셨습니까? "선교사?" 선교사라면 선교에 대한 목표가 있어야 하지 않겠습니까? 그러므로 선교사 여러분의 올해 목표는 냉담자 회두 1명 이상, 예비자 전교 1명 이상입니다. 목표 달성할 수 있겠습니까?

오늘 독서에서 바오로 사도는 "기쁜 소식을 전하는 이들의 발이 얼마나 아름다운가!"(로마 10, 15)라고 했듯이 모두가 아름다운 발이 되시기 바랍니다.

> "자기가 믿지 않는 분을 어떻게 받들어 부를 수 있겠습니까?
> 자기가 들은 적이 없는 분을 어떻게 믿을 수 있겠습니까?
> 선포하는 사람이 없으면 어떻게 들을 수 있겠습니까?"(로마 10, 14)
> 아멘!

세 번이나 감동한 자케오

형제자매 여러분, 혹시 꾸르실료 교육을 다녀오셨습니까? 꾸르실료란 소리는 들어 봤어도 무슨 교육인지 잘 모르시리라고 생각됩니다. 궁금하신 분은 꼭 한번 다녀오시면 좋으시리라 생각됩니다.

어느 날 꾸르실료 교육을 다녀온 자매님이 자신의 체험을 말씀해 주셨습니다. 그 자매님은 피정 중에 다음 문제를 깊이 묵상을 했다고 합니다. "무엇을 해야 자신의 삶을 변화시킬 수 있을까?" 그래서 피정 중에 다음과 같은 결심을 했다고 합니다. 피정 끝나고 집으로 돌아가면 함께 사는 며느리를 사랑해야 하겠다고 결심을 했다고 합니다. 자신과 며느리와의 사이는 겉으로는 나쁘지 않았지만 그렇다고 살갑게 가까운 사이도 아니었다고 합니다.

그래서 그 자매님은 어느 날 아침에 출근하는 며느리의 구두를 닦아 주었답니다. 그러자 며느리는 당황하면서 시어머니의 두 손을 "어머니" 하면서 덥석 잡더라는 것입니다. 그리고 두 사람은 잠시 눈을 마주치고 서로를 바라보았답니다.

두 사람은 자신도 모르게 두 눈이 촉촉이 젖었답니다. 그 순간 이십여 년 동안 두 사람 사이를 막고 있던 벽이 하루아침에 무너져 버렸다는 것입니다. 그런 일이 있은 다음 그 자매는 무척 놀라운 체험을 했다고 합니다. 며느리가 마치 딸처럼 가깝게 느껴지더라는 것입니다.

형제자매 여러분, 자매님의 체험을 통해서 알 수 있지만, 이렇게 사랑의 힘이란 놀라운 것입니다.

형제자매 여러분, 여러분들은 각자 별명이 있을 것입니다. 저는 군대 갔다 온 이후로 신부 된 지금까지 선배 신부님들 사이엔 "정 장군"으로 통합니다. 오늘 복음에 등장하는 자케오는 세관장이 되고부터 아마 여러 가지 별명이 있었을 것입니다. 과연 그 별명이 무엇인지 알고 계십니까? "난쟁이, 죄인, 도둑놈, 횡령꾼, 부정 축재자, 로마의 앞잡이, 매국노, 민족의 반역자" 등등 수없이 많았을 것입니다. 어느 누가 이런 사람과 상종하겠습니까? 비록 세관장이기 때문에 그 직함 때문에, 재산, 돈 때문에 그 앞에서 머리를 숙였겠지만, 모든 사람이 싫어하고 미워하는 사람 중의 한 사람입니다. 이런 이유로 부유했지만, 상종하기를 몹시 꺼리는 인물입니다. 그러기에 그 당시에 이스라엘 민족, 동족 사이에서 소위 "왕따"를 당한 사람입니다. 참으로 외롭고 불쌍한 사람입니다.

들은 소문에 따르면, 예수님이란 양반은 기적도 행하고 병자들을 치유하고 가난하고 소외되고 죄인들과 어울리면서 위로도 해 주고 함께하신다는 것입니다. 그래서 이런 양반을 꼭 한 번 만나 뵙고 싶었습니다. 그런데 오늘 여기를 지나가신다니 이 기회를 놓칠 수 없었습니다. 예수님 주위로 수많은 사람이 몰려들었기 때문에 키가 작은 지케오는 도저히 예수님을 조금도 볼 수가 없었습니다. 그래서 예수님이 지나가시는 길을 앞질러 가서 돌무화과나무 위로 기어 올라갔습니다. 이심전심인지 몰라도 예수님께서 나무 위에 있는 자케오를 쳐다보시며 말씀하셨습니다. "자케오야, 얼른 내려오너라. 오늘은 내가 네 집에 머물러야 하겠다."(루카 19, 5) 그래서 자케오는 얼른 내려와 예수님을 기쁘게 자신의 집에 모셨다는 것입니다.

그런데 사람들은 예수님이 죄인의 집에 머문다고 이러쿵저러쿵 입방아를 찧었다는 것입니다. 그런데 자신의 집에 주님을 모시고 자케오는 "주님, 제 재산의 반을 가난한 이들에게 주겠습니다. 그리고 제가 다른 사람 것을 횡령하였다면 네 곱절로 갚겠습니다."(루카 19, 8)라고 자신의 결심을 말씀드립니다. 그래서 예수님께서는 "오늘 이 집에 구원이 내렸다."(루카 19, 9)라고 선언해 주십니다.

형제자매 여러분, 자케오는 예수님을 만나 뵙고 회개의 결심을 하게 되었는데, 그 회개의 원동력은 과연 무엇이겠습니까? 그도 인간이기 때문에 재산에 대한 내면의 갈등도 많았겠지만,

그 원동력은 바로 여기에 있었을 것입니다. "오늘은 네 집에 머물러야 하겠다."라는 주님의 말씀 때문이었습니다. "머물다."라는 뜻은 곧 "숙박한다."라는 뜻입니다. "식사와 더불어 최고의 친교를 더러 내는 행위"인 것입니다. 더 나아가 "용서를 한다."라는 뜻입니다.

자케오는 세관장이라는 직책 때문에 호의호식하면서 살았지만, 민족들에겐 증오의 대상이 되었고 적대감과 조소의 대상이었던 것입니다. 함께 사귀는 것도, 접촉만 하는 것도 금기의 대상이 되어 외톨박이가 된 자신을 예수란 양반이 찾아 주었고 함께 식사까지 해 주셨기 때문에 감동에 감동을, 감동했습니다. 당구에 쓰리 쿠션이 있듯이 자케오는 세 번이나 감동했습니다. 그저 죄인인 자케오를 찾아 주신 것만도 고마운 일인데, 식사까지 함께 해 주시고 한밤까지 주무시고 가신다니 얼마나 기뻤겠습니까? "오늘 이 집은 구원을 얻었다."라는 주님 말씀대로 정말 은혜로운 밤이었을 것입니다. 그래서 자케오는 진정한 회개가 말해 주듯이 결심을 통해서 자신의 재산을 이웃을 위해 나누어 주게 됩니다.

형제자매 여러분, 조금 전 예화에서 시어머니가 출근하는 며느리의 구두를 닦아 줌으로써 며느리는 덥석 손을 잡으며 촉촉한 눈빛으로 "어머니"하고 불렀다는 것은 감동했다는 것입니다. "정말 우리 시어머님이 딸처럼 나를 사랑하시는구나!" 그 사랑을 느꼈다는 것입니다. 서로 통했다는 것입니다. 아울러 시어머님도 며느리를 딸처럼 살갑게 느끼는 사랑의 정을 갖게 되었다는 것입니다. 이렇게 사랑의 힘은 정말 놀랍고 위대합니다.

형제자매 여러분, 자케오는 불시의 예수님 방문 때문에 감동에 감동을, 감동했습니다. 곧 주님의 사랑을 깨달았습니다. "사람의 아들은 잃은 이들을 찾아 구원하러 오신"(루카 19, 10) 주님의 마음을 알고 정말로 이루 말로 다 표현할 수 없이 강하게 감동했습니다. 형제자매 여러분, 우리도 예수님처럼 우리의 이웃 사람들에게 감동을 줍시다! 이것이 바로 주님을 알리는 길이고 전교의 지름길입니다. 또한, 우리 모두 주님께서 "오늘 이 집에 구원이 내렸다."라는 말씀을 들을 수 있도록 정말 기쁘게 간절히 열망하면서 주님을 초대합시다! 그러면 "자케오야, 얼른 내려오너라. 오늘은 내가 네 집에 머물러야 하겠다."(루카 19, 5)라고 말씀해 주실 것입니다. 아멘.

할머니와 자판기

오늘은 평신도 주일입니다. 평신도라고 하면 성직자인 신부님을 제외한 모든 신자를 말합니다. 바로 여러분들을 말합니다.

형제자매 여러분, 시골에서 상경한 할머니와 할아버지가 자판기를 발견하셨습니다. 그러나 사용법을 몰라 "우짤고~" 하며 끙끙 앓다 동전 구멍을 발견하고는 "아~ 이 짝으로 동전을 넣는 갑다." 하시며 동전을 넣고는 "보이소! 지가 예~ 목이 마른데 콜라 좀 주이소."라며 자판기에 대고 말을 하셨습니다. 그러나 아무런 응답이 없자 다시 "보이소~ 지가 목이 마른데 콜라 좀 퍼뜩 주이소~" 또, 다시 대답이 없자… 옆에서 지켜보시던 할아버지 왈 "콜라 없는 갑다~ 딴 거 돌라케 봐라."라고 하셨답니다.

형제자매 여러분, 요즘 세상에 자판기 하나 사용 못 하면 바보 멍텅구리가 됩니다. 모르면 바보가 됩니다. 유머지만 자판기에 대고 "지가 목마른데 콜라 좀 주이소!" 아무리 외쳐도 깜깜무소식일 겁니다. 한술 더 떠서 할아버지는 "콜라 없는 가부

다. 딴 거 돌라 케 봐라." 참으로 폭소할 일입니다.

　형제자매 여러분, 왜 오늘 "할머니와 자판기" 유머를 말씀드리는가 하면, 우리 평신도가 성당 생활이나 신앙생활에 있어서 할머니와 할아버지처럼 생활하기 때문입니다. 단적인 예를 든다면 이렇습니다. 어떤 회사에서 한 직원이 새 아파트를 장만해서 부서 직원들이 몽땅 집들이를 가게 되었습니다. 퇴근 후 부서 직원들은 가능하면 차 한 대에 모두 타서 초대받은 집으로 향합니다. 대부분 처음 길이라 집이 어디에 있는지 잘 모르고 초행길 방문이기 때문에 쉽지는 않습니다. 초대 집으로 가는 약도는 운전하는 직원이 책임지고 유심히 보고 혹은 물어서라도 실수하지 않기 위해 최선을 다하지만, 다른 사람들은 아무런 관심도 없습니다. 요즘은 네비게이션이 있어서 다행이지만 옛날에는 퇴근 후이기 때문에 벌써 날은 캄캄해지고 서너 번 묻고 물어서 어렵게 초대 집에 도착하게 됩니다.

　5명의 직원이 차를 타고 함께 똑같은 시간을 보냈지만 운전한 직원 외에는 좌석에 앉아 졸고 있었거나 신경을 쓰지 않았기 때문에 나머지 다른 직원들은 다시 그 집을 찾아갈 수 없을 것입니다. 직원들 사이에는 직급이 있고 선후배가 있으므로 때로는 입사 몇 년 차를 자랑스럽게 이야기하기도 합니다. 그러나 여러분은 과연 항상 주인의식을 가지고 운전석에 앉아 계십니까? 아니면 뒷자리에 앉아 졸면서 3년 혹은 5년을 보냈습니까? 졸고 있던 5년짜리 고 참 직원은 주인의식 있는 1년짜리

신입사원을 결코 이길 수 없습니다. 그는 지나온 업무의 발자취를 알지 못하고 방향도 모르고 있는데 어찌 자신의 미래 청사진이 나올 수 있겠습니까? 그러므로 주인의식이 없는 직원은 자신의 미래도 없다고 말씀드릴 수 있을 것입니다.

이와 마찬가지로 세례를 받은 지 몇 년 되었다고 옛날에 어쩌고, 저쩌고 합니다. 그렇지만 막상 자기 자신이 운전 수가 아니고 승용차 뒷좌석에 앉아서 그저 잡담이나 하고 졸았다면 집들이 집이 도대체 어디에 있었는지 어디로 찾아가야 하는지 아무 것도 모릅니다. 이와 같은 현상은 성당 안에서도 마찬가지입니다. 성당에 오래 다녀도 성당이 어떻게 돌아가는지, 무엇이 필요한지 무엇을 해야 하는지를 모릅니다. 더욱이 교리도 성경도 잘 모릅니다. 기도하라 하면 꿀 먹은 벙어리가 됩니다. 그것은 나 자신이 주인의식을 갖고 운전석에 앉아 운전해 보지 않았기 때문입니다. 어디에서 좌회전하고 우회전하고 멈추고 주유소에 들러 기름을 채워야 하는지를 조금도 생각해 보지 않았기 때문입니다.

오늘 평신도 주일은 성당의 주인은 바로 여러분, 여러분 자신임을 자각하게 하는 주일입니다. 풍기성당은 신부님이 운전 수가 아니라 바로 여러분들이 운전 수가 되어 운전해 앞으로 나아가야 합니다. 어떻게 생각하면 신부님은 여러분이 정말 안전하게 사고 내지 않고 잘 운전할 수 있도록 도와주고 안내해 주는 역할을 하는 분입니다. 그런데 여러분들이 풍기성당의 운영과 계획을 잘 모르고 방관만 한다면, 조금 전에 말씀드린 자판기에 대고 "보이소~ 지가 목이 마른데 콜라 좀 주이소~", "콜라 없는 갑다~ 딴 거 돌라 케 봐라."라고 외치는 할머니와 할아버지와 무엇이 다를 바가 있겠습니까?

우리 성당은 우리가 잘 알고 가꾸고 발전시켜 나가기 위해선 무엇보다도 주인의식을 가지고 적극적으로 함께해야 하지 않겠습니까? 본당 살림살이는 어떻게 되고 쌀독에 쌀은 가득 들어 있어 한해를 잘 넘길 것인지, 교구에 보낼 돈은 제대로 매달 들어오는지, 불우이웃이나 자선사업은 제대로 하고 있는지. 예비자는 몇 명이나 공부하고 있는지, 냉담자 권면 대상자는 누구누구인지, 가끔 성당에 빠지고 잘 안 나오고 있는 형제자매가 누구인지 관심을 두고 계십니까?

성당 마당에 낙엽은 뒹구는데 성당 청소는 누가 하고 있는지, 내가 아니면 안 된다는 그런 마음으로 참여하고 계십니까? 각 단체나 구역 반 모임에 열성적으로 참여하여 본당쇄신과 발전을 위해 노력하고 계십니까? 주일 헌금이나 교무금이 본당 재정 수입원인데 적극적인 참여로 이바지하고 계십니까? 곧 추수 감사 주일이 다가오는데 얼마나 감사하는 생활로 응답하고 계십니까?

다른 사회활동이나 계 모임이나 동창회나 체육대회 때에는 생색내기 위해서 기분 좋게 돈을 쓰면서 성당에 내는 돈은 아까워하면서 너무 인색하지 않으셨습니까? 친구들과 술 한잔하고 외식할 때는 돈을 잘 쓰면서 하느님께 봉헌하는 것은 만 원짜리 내려고 하다가 오천 원, 천 원짜리로 바꾸지 않으셨습니까?

형제자매 여러분, 왜 가톨릭이 천주교가 되었는지 아십니까? 봉헌 때 천 원짜리만 낸다고 천주교가 됐다고 합니다. 주일 봉헌금이 옛날도 천원, 지금도 천 원. 뭔가 좀 생각해 봐야 하지 않겠습니까? 요즘 손주들에게 천 원 주면 거들떠보지 않습니다. 손주들에게 만 원을 안겨주면서 우리 주님께도 주일날 기분 좋게 배춧잎 한 장 봉헌하면 어떻겠습니까? 할아버지, 할머니들에겐 죄송하고도 미안합니다. 젊으신 분들 좀 알아들으면 좋겠습니다.

오늘 평신도 주일을 맞이했습니다만, 곧 평신도 여러분이 성당의 주인이라는 의식을 가지고 적극적으로 성당의 발전을 위해서 참여하시면 좋겠습니다. 방관자가 아니라 내 집은 내가 관리하고 발전시켜 나가야 하겠습니다. 그렇게 된다면 풍기성당은 분명히 발전할 수 있을 것입니다. 다 함께 노력해 봅시다! 다 함께 크게 외쳐봅시다.

"평신도는 성당의 주인이다." 아멘!

강론을 길게 하는 신부와
총알택시 운전사

형제자매 여러분, 넌센스 퀴즈입니다. 한번 알아 맞춰보시기 바랍니다. "강론을 아주 길게 하는 신부님과 총알 같이 아주 빨리 달리는 총알택시 운전사가 있었습니다. 그런데 둘 다 죽었는데, 이 둘 중에 누가 천당에 갔겠습니까?" 총알택시 운전사는 천당에 가고 신부님은 연옥에 가서 대기하고 있었다고 합니다. 그래서 신부님이 하느님께 항의했습니다. 그러니까 하느님께서 신부님에게 뭐라고 말씀하셨는지 아십니까?

"너는 지루한 강론으로 신자들을 졸게 했지만, 총알택시 운전자는 승객으로 하여금 매 순간, 순간마다 기도하게 하지 않았느냐?"

형제자매 여러분, 어떻게 하면 총알택시 운전사처럼 매 순간 기도하게 할 수 있겠습니까? 그것은 죽음과 종말에 대한 가르침일 것입니다.

형제자매 여러분, 오늘 복음 말씀은 종말에 관한 가르침입니다. 그 내용을 정리해 보면 다음과 같습니다.

종말이 오면, 첫째로 '하느님의 현존'을 상징하는 예루살렘 성전이 무너지게 된다. 둘째로 거짓 그리스도가 나타난다. 셋째로 전쟁, 큰 지진, 기근, 전염병이 생기고, 하늘에서 무서운 징조가 일어날 것이다. 넷째로 믿는 이들은 박해를 당하는데, 심지어는 사랑하는 이들에게서조차 미움과 위협을 받을 것이다.

종말에 관한 이러한 표현을 두고 학자들은 '묵시 문학'이라고 합니다. 묵시 문학은 구약에서부터 이어져 온 독특한 표현 양식입니다. 묵시 문학이 번성하던 시대는 한마디로 박해의 시대였습니다. 하느님을 믿고 사는데도 축복보다는 고통을 받는 현실, 오히려 세상의 권력자들은 악과 타협해 가며 승승장구하는 현실에서 탄생 된 것입니다.

오늘 예수님의 말씀은 이러한 맥락을 염두에 두신 말씀입니다. 곧, 성전이 무너질 만큼 하느님의 현존을 발견할 수 없고, 거짓 그리스도로 혼란을 겪게 되며, 악의 세력으로 말미암아 세상과 자연이 무너질 뿐만 아니라 많은 이에게 박해받는 최악의 상황이 오더라도 인내를 가지라는 말씀입니다. 한 아기가 태어나기 직전에는 온갖 불안함에 시달리겠지만, 막상 태어나면 새로운 세상을 만납니다. 이처럼 우리도 최악의 상황을 인내하고 이겨낸다면 전혀 다른 세상을 만날 것입니다. 모든 것에는 마지막이 있습니다. 그러나 마지막이라는 것이 결코 우리를 절망케 하지 못하는 것은, 그 마지막으로 말미암아 모든 게 끝나는 것이 아니라 전혀 다른 세상으로 이어진다고 믿기 때문입니다.

형제자매 여러분, 그러므로 "너희는 인내로써 생명을 얻으라."(루카 21, 19)라는 주님의 말씀을 명심해야 하겠습니다. 형제자매 여러분, "지구의 종말이 온다고 해도 나는 한 그루의 사과나무를 심겠다." 이 말은 누구의 말입니까? 네덜란드의 철학자 스피노자의 유명한 말입니다. 또한, 더 나아가서 우리는 "지구의 종말이 온다고 해도 나는 한 그루의 사과나무를 심겠다."라는 스피노자의 이런 성실함으로 죽음과 종말을 맞는다면 아무런 두려움도 없을 것입니다. 그저 현실 오늘을 충실히 산다면 족하리라 생각됩니다.

형제자매 여러분, 강론 처음 넌센스 퀴즈 생각나시지요? 저도 그런 의미에서 오늘 강론 짧게 하겠습니다.

"너희는 인내로써 생명을 얻으라."(루카 21, 19) 아멘!

바보 왕 예수님

형제자매 여러분, 우리 시대의 진정한 영웅은 누구이겠습니까? "영웅 이순신 장군" 맞습니다만 우리 시대가 아닙니다. 우리 시대의 영웅이 누구신지 한 번쯤 생각해 보셨습니까? 우리 시대의 영웅은 바로 "바보 ○○○"입니다. 놀랍게도 우리 시대의 영웅은 1위에서 5위까지 모두 다 고인이 된 분들이 상위권을 차지하셨습니다. 우리는 우리 시대의 영웅들을 잃고서야 소중함을 깨달았습니다.

시사주간지, 시사 저널은 지금으로부터 12년 전(2010. 10. 20.) 최근 30개 분야 전문가 1,500명을 대상으로 "우리 시대의 영웅"이라는 주제로 여론조사를 해서 발표했습니다. 그 결과는 다음과 같습니다. 1위 바보 노무현 전 대통령(11.1%), 2위 김대중 전 대통령(9.5%), 3위 박정희 전 대통령(9.2%), 4위는 김구 선생님(6.4%), 5위는 〈이 바보야 자화상〉을 그린 김수환 추기경님(6.1%) 순이었습니다. 노무현, 김대중 대통령이 나란히 1, 2위를 차지한 것은 대한민국 민주주의 역사에 족적을 남긴 대통령이라는 점에서 시사하는 바가 큽니다. 군사 독재자 박정희를 제외

하고는 김구 선생님, 김수환 추기경님은 기본적으로 민주주의적인 인물이기 때문에 특별한 의미가 있습니다.

형제자매 여러분, 왜 이런 결과가 나왔겠습니까? 그것은 시대의 산물이라는 점에서 이해가 됩니다. 그 시대는 정의에 대한 갈증이 한계점에 도달했기 때문입니다. 그동안 우리는 황금만능주의, 집단이기주의, 개인주의, 퇴폐적자본주의, 학력지상주의 등이 지배하는 시대에 살아왔습니다. 편법, 탈법, 불법, 부정, 비리, 부조리가 난무해도 스스로 양심에 눈을 감아 버림으로써 원칙과 상식도 외면했습니다. "돈이면 최고이고 나만 잘살면 된다."라는 탐욕의 결과였습니다. 그리고 얼마 안 가서 정신을 차렸을 때는 이미 때는 늦었습니다. 우리에게는 돈보다 더 가치 있는 그 무엇이 있었습니다. 그 소중한 가치란 사람다운 세상의 소중함을 깨달은 것입니다. 노무현 대통령이 꿈꾸는 세상은 바로 "사람 사는 세상"이었습니다. 노무현 대통령은 "반칙과 특권이 용납되는 시대는 이제 끝내야 한다. 정의를 팽개치고 기회주의자가 득세하는 굴절된 사회는 반드시 청산해야 한다."라고 말하면서 바보같이 모든 권력을 내려놓았습니다.

형제자매 여러분, 지금 이 시대는 탈권위주의를 원합니다. 그래서 이 시대의 영웅은 세상과 소통하는 인물이어야 합니다. 결코, 억압하고 불통하는 권위로서는 영웅이 될 수 없는 현실입니다. 바보가 권위를 이겼습니다. 권위를 내려놓고 원칙과 상식이 통하는 세상을 꿈꾸는 사람들이 곧 영웅입니다.

형제자매 여러분, 그런 의미에서 오늘 우리가 기리는 그리스도 왕, 예수님은 참된 영웅이십니다. 하느님이시면서, 스스로 자신을 비우시고 비천한 인간으로 오셨기 때문입니다. 죄인들과 어울리시면서 그들을 위로하시면서 용서하시고 가난하고 병든 자들을 치유해 주셨습니다. "목마른 사람에게 물 한 잔 주는 것, 헐벗은 사람에게 입을 것을 주는 것, 굶주린 사람들에게 먹을 것을 주는 것, 옥에 갇힌 이들을 찾아 주는 것 등등" 이러한 것들이 당신에게 해 준 것이라고 말씀하셨습니다.

　　높은 사람이 되고자 한다면 낮은 자리에 앉으라고 하시면서 스스로 모범을 보이셨습니다. 스승이시면서 제자들의 발을 몸소 씻겨 주셨습니다. 하느님의 아들이시면서 정말 바보 같은 삶을 사셨습니다. 온갖 침 뱉음과 조롱을 받고 십자가를 묵묵히 지신 예수님, 끝내는 채찍질로 피투성이가 되고 가시관을 눌러쓴 머리에서는 피가 줄줄 흐르는데 십자가를 지고 넘어지고 넘어지면서도 또 일어서서 걸었습니다. 바보같이 누구를 위해 바보같이 당하시기만 하셨습니까? 십자가에 못 박혀 처참하게 두 팔 벌린 예수님, 이게 바보가 아니고서야 어떻게 가만히 계십니까? 죄목은 "자칭 유다 인의 왕"이란 죄목입니다.

　　형제자매 여러분, 십자가 위의 "I.N.R.I."가 무슨 뜻인지 알고 계십니까? "유다 인의 왕 나자렛 예수"란 뜻입니다. 하느님의 아들이신 예수님이, 만민의 왕으로 오신 예수님이 비로소 왕이란 이름으로 불립니다. 그것도 죄수라는 명패로 말입니다. 이게 바보가 아니고 무엇이겠습니까? 게다가 자신을 십자가에 못을 박는 사람들까지 용서해 주셨습니다.

"아버지, 저들을 용서하소서. 저들은 저들이 하는 바를 모릅니다." 이게 바보가 아니고 무엇이겠습니까? 지도자들은 "이자가 다른 이들을 구원하였으니, 정말 하느님의 메시아, 선택된 이라면, 자신도 구원해 보라지."라고 하면서 빈정댔습니다. 또 군사들도 "네가 유대인의 임금이라면 너 자신이라 구원해 보아라."고 조롱했습니다. 또 십자가에 달린 죄수 하나도 "당신은 메시아가 아니시오, 당신 자신과 우리를 구원해 보시오."라고 모독까지 했습니다. 그런데 묵묵히 다 참아 받으십니다. 정말 하느님의 아들 맞습니까? 예수님, 이게 바보가 아니고 무엇입니까? 그러나 다른 죄수는 그를 꾸짖으면서 "예수님, 선생님의 나라에 들어가실 때 저를 기억해 주십시오." 바로 이 죄수는 예수님을 선생님, 왕으로 받들어 모시면서 하늘나라를 인정합니다.

형제자매 여러분, 바보 왕, 예수님께서는 "너희 가운데 높은 사람이 되고자 한다면 남을 섬기는 사람이 되어야 한다. 사람의 아들도 섬김을 받으러 온 것이 아니라 섬기러 온 것이다."라고 말씀하셨습니다. 곧 군림하는 왕이 아니라 섬기는 왕이 되셨습니다.

형제자매 여러분, 이런 바보 왕, 예수님께서는 우리 죄를 속죄하기 위해서 목숨까지 바치셨는데 우리 모두 진정 감사드려야 하지 않겠습니까? 세상의 어느 왕이 제자들의 발을 직접 씻겨 주고 섬기겠습니까? 형제자매 여러분, 이 세상에 어느 누가 이런 왕을 사랑하고 존경하지 않겠습니까?

형제자매 여러분, 교회 달력으로 올해 마지막 주일을 맞이해서 우리는 한 해 동안 하느님 아버지께서 우리에게 내려 주신 모든 은혜에 진심으로 감사드리는 추수 감사 제사를 봉헌하고 있습니다. 이 제사가 곡식에 대한 추수뿐만 아니라 내 삶에 대한 추수도 함께 봉헌하는 제사가 되어야 하겠습니다.

"우리의 전부가 당신께로부터 온 줄을 아오는 저희가, 여기 깊은 감사와 저희 전부를, 앞으로 더욱 열심한 마음으로 주님 전할 결심과 합하여 드리오니, 저희 갸륵한 정성이 담긴 이 제물을 너그러이 받아주시고 축복하여 주소서."라는 추수 감사 주일 기도가 진정 나의 기도가 되어야 하겠습니다.

형제자매 여러분, 오늘 추수 감사예물에 '깊은 감사와 저희 전부를' 담으셨습니까? 정말로 갸륵한 정성을 담으셨습니까? 감사하는 만큼 분명히 은혜를 받을 것입니다. 우리 모두 다 함께 열의와 성의를 다해서 하느님 아버지께, 바보 왕이신 예수님께 감사의 제사를 봉헌합시다!

제가 "바보 왕 예수님" 선창하면 "정말로 고맙습니다."라고 하면서 두 손을 가슴에 모으면서 합장합니다. 그다음엔 두 팔을 좀 더 크게 벌려서 가슴에 모으면서 "정말로 감사합니다."

라고 외칩니다. 마지막으로 양손을 머리 위로 올려 하트를 그리면서 "정말로 사랑합니다."라고 외치시면서 율동을 하시면 되겠습니다.

바보 왕 예수님, 정말로 고맙습니다!
바보 왕 예수님, 정말로 감사합니다!
바보 왕 예수님, 정말로 사랑합니다! 아멘!

부록

: 고유 축일, 대축일, 기타

새해엔 성모님처럼

예수님 안에서 기쁨을 찾는 신앙인이 됩시다!

새해 복 많이 받으십시오! 오늘도 둥근 해는 떠올랐습니다. 일출 보셨습니까? 소원성취하시길 빕니다. 오늘 우리는 새해 첫날에 천주의 성모 마리아 대축일을 지냅니다. 왜 새해 첫날 성모님의 축일을 지내겠습니까? 그것은 무엇보다도 우리 모두 새해를 맞이해서 올해 한 해를 성모님처럼 살아야 한다는 것을 시사해 주고 있기 때문입니다.

형제자매 여러분, 여러분은 이 세상을 무슨 기쁨으로, 낙으로 살아가고 계십니까? 무엇보다도 우리 성모님의 삶은 기쁨으로 충만한 삶이었습니다. 성모님 역시 인간적인 고통으로부터 벗어날 수는 없었지만, 그 고통 가운데에서도 기쁨을 가득히 안고 사셨습니다. 당신 아들 예수로 인해 겪은 고통이 컸지만, 고통을 이겨내고도 남을 만큼 큰 기쁨을 또한 예수님께로부터 받은 것입니다.

형제자매 여러분, "성모칠락"이 무엇인지 알고 계십니까? 성모님의 기쁜 삶을 일곱 가지로 정리한 것이 "성모칠락(聖母七

樂)"입니다. 성모칠락 신심은 13세기 초부터 프란치스코 수도회원에 의해 본격적으로 전파되었습니다. 특히 시에나의 성 베르나르디노(†1444)와 그의 동료들은 성모칠락 양식을 확정 짓고 이를 가르쳤는데, "환희의 화관" 혹은 "성모송 72번으로 엮은 화관"이라고 불렀습니다.

"성모칠락"은 다음과 같습니다.

① 성모 영보: 이제 아기를 가져 아기를 낳을 터이니 이름을 예수라 하여라.(루카 1:30)

② 엘리사벳 방문: 모든 여자 가운데 가장 복되시며 태중의 아드님 또한 복되십니다.(루카 1:42)

③ 예수 탄생 :오늘 밤 너희의 구세주께서 다윗의 고을에 나셨다.(루카 2:11)

④ 동방박사의 경배: 그들은 마리아와 함께 있는 아기를 보고 엎드려 경배하였다.(마태 2:11)

⑤ 잃으셨던 예수님을 성전에서 찾으심: 사흘 만에 성전에서 그를 찾아냈다.(루카 2:46)

⑥ 예수 부활: 그분은 여기 계시지 않고 다시 살아나셨다.(루카 24:6)

⑦ 성모 몽소 승천: 영혼과 육신이 함께 천상 영광으로 들어 올림을 받으셨다.(교황 비오 12세)

이렇게 "성모칠락"을 살펴봤습니다만, 성모님의 기쁨의 원천은 무엇이겠습니까? 성모님의 기쁨의 원천은 바로 예수 그리스도이십니다. "성모칠락(聖母七樂)" 중에 예수님과 관련되지 않은 기쁨은 하나도 없습니다. 구세주의 잉태를 전해 들은 성모영보의 기쁨에서부터 예수님이 계신 하늘에 오르시는 몽소 승천의 기쁨까지 성모님의 모든 기쁨은 예수님과 연관이 되어 있습니다.

형제자매 여러분, 그러므로 우리도 올해 한 해를 시작하면서 "성모님처럼 예수님 안에서 기쁨을 찾는 신앙인"이 되어야 하겠습니다. 세상 안에서 기쁨을 찾는 것이 아니라 예수님 안에서 기쁨을 찾아야 하겠습니다. 세상에서 찾은 기쁨은 순간적이고 일시적인 위로이지만, 예수님이 주시는 기쁨은 영원하고 지속적인 위로이기 때문입니다. 하느님의 나라는 먹고 마시는 일이 아니라 성령을 통해서 누리는 정의와 평화와 기쁨입니다.(로마 14, 17)

그러므로 형제자매 여러분, 우리의 믿음의 근원이시며 완성자이신 예수만을 바라보며, 우리가 달려야 할 길을 꾸준히 달려가야 하겠습니다.(히브 12, 2) 그렇게 할 수 있다면 힘들고 어려운 삶의 고비에서도 성모님처럼 희망과 기쁨을 찾을 수 있을 것입니다. 분명 우리가 그리스도와 함께 당하는 고난이 많은 것처럼 그리스도로 말미암아 받는 위로도 많을 것입니다.(2고린 1, 5)

형제자매 여러분 어떻게 하면 새해를 맞이해서 만사형통할
수 있겠습니까? 그 방법은 간단합니다. 가르쳐 드릴까요? 그
방법은 성모님처럼 예수님 안에서 기쁨을 찾는 것입니다. 그
러면 "주님께서 그대에게 복을 내리시고, 그대를 지켜주시리
라."(민수 6, 24)라는 말씀대로 만사형통할 수 있습니다.

형제자매 여러분 새해를 맞이해서 성모님처럼 예수님 안에서
기쁨을 찾는 신앙인이 되어 부디 모두 다 만사형통하시기 바랍
니다.

새해엔 성모님처럼 예수님 안에서 기쁨을 찾는 신앙인이 됩
시다! 아멘!

고회 부처 아녀 손

高會 夫妻 兒女 孫

"새해 복 많이 받으십시오." 설날 우리는 "새해 복 많이 받으십시오!"라고 인사합니다. '복 많이 받아라.'라고 하는데, 형제자매 여러분, 어떻게 하면 복을 많이 받을 수 있겠습니까?

오늘 첫 번째 독서 민수기를 보면 "하느님의 이름으로 복을 빌어 주면 복을 받을 것이다."라고 말씀해 줍니다. 하느님의 이름으로 복을 빌어 주고 축원해야 한다는 것입니다. 더 나아가 영원한 행복, 복을 받기 위해서 우리는 어떻게 해야 하겠습니까? 오늘 제2 독서에서 말하듯, "여러분은 내일 일을 알지 못합니다. 여러분의 생명이 무엇입니까? 여러분은 잠깐 나타났다가 사라져 버리는 한 줄기 연기일 따름."(야고 4, 14)이라고 말합니다. 이렇게 인간은 아무것도 아닌 존재이기 때문에 자기 뜻대로 계획대로 세상일이 되지 않기 때문에 더욱이 "주님께 모든 것을 맡겨야 한다."라고 말씀해 주고 있습니다. 그래서 오늘 복음에서는 "너희는 허리에 띠를 매고 등불을 켜 놓고 있어라. 혼인 잔치에서 돌아오는 주인이 도착하여 문을 두드리면 곧바로 열어주려고 기다리는 사람처럼(루카 12, 35-36) 준비하는 삶을 살아야 한다."라고 말씀하십니다. 깨어서 준비하는 삶이야말로 영원한 행복의 지름길임을 말씀해 주십니다. 그러므로 우리는 새해 첫날부터 준비하는 삶을 통해서 영원한 행복, 복을 받을 준비를 착실히 해야 하겠습니다. "도둑이 몇 시에 올지 모르듯이 너희가 생각하지도 않은 때에 사람의 아들이 올 것이기 때문입니다."(루카 12, 39-40 참조)

형제자매 여러분, 추사 김정희의 대련 글을 소개하겠습니다. 대련 글에서 대련(對聯)이 무엇인지 알고 계십니까? 대문이나 기둥에 써 붙이는 댓 구를 말합니다. 대련 글은 "고회 부처 아녀 손(高會 夫妻 兒女 孫)"입니다. 무슨 뜻이겠습니까? 혹시 아시는 분 계십니까? 한자로 "높을 고, 모일 회, 지아비 부, 아내 처, 아이 아, 계집 녀, 손자 손" 자를 씁니다. 그러니까 "가장 좋은(훌륭한) 모임은 부부, 아들, 딸, 손자의 모임"임을 말합니다. 이것은 추사 김정희가 70 평생을 살아오면서 내린 결론이라고 말씀드리고 싶습니다.

오늘 설 명절을 맞이하여 우리는 3대의 모임, "고회 부처 아녀 손"의 모임을 했습니다. 이보다 더 좋은 모임이 어디 있겠습니까? (이번 설은 코로나 관계로 대부분 가정에서 "고회 부처 아녀 손"의 만남을 못 한 것으로 생각됩니다만) 오늘 설 명절을 맞이하여 정말 "하느님께서 보시니 좋더라."라는 그런 모임이 될 수 있도록 노력해야 하겠습니다. 조상님과 부모님들의 은혜에 감사드리고, 서로 형제애를 다지는 좋은 시간 되시길 빕니다.

"고회 부처 아녀 손(高會 夫妻 兒女 孫)!" 무슨 뜻이라고 했지요? "가장 좋은(훌륭한) 모임은 부부, 아들, 딸, 손자의 모임"입니다. 잊지 마시기 바랍니다.

형제자매 여러분, 마지막으로 이해인 수녀님의 〈가까운 행복〉이란 시를 소개해 드리겠습니다. 잘 듣고 질문에 답하시기 바랍니다.

가까운 행복

이해인

산 너머 산
바다 건너 바다
마음 뒤의 마음
그리고 가장 완전한
꿈속의 어떤 사람
상상 속에 있는 것은
언제나 멀어서
아름답지
그러나 내가
오늘도 가까이

안아야 할 행복은

바로 앞의 산
바로 앞의 바다
바로 앞의 내 마음
바로 앞의 그 사람.

형제자매 여러분, "가까운 행복"이란 시에서 "내가 오늘도 가까이 안아야 할 행복"은 무엇이라고 표현하고 있습니까? "내가 오늘도 가까이 안아야 할 행복은 / 바로 앞의 산 / 바로 앞의 바다 / 바로 앞의 내 마음 / 바로 앞의 그 사람"이라고 말합니다. 그러면 "바로 앞의 그 사람"은 누구이겠습니까?

바로 앞의 그 사람은 "부부이고 아들딸들이고 손자들"입니다. 결론은 가족입니다. 가족이 바로 오늘도 안아야 할 행복이고, 가장 가까운 행복입니다. 그러므로 형제자매 여러분, 설 명절을 맞이하여 이 세상을 떠나신 조상님들과 부모님, 형제 친척 모든 위령이 천국에서 영원한 안식을 누릴 수 있도록 이 제사를 통해서 열심히 기도해야 하겠습니다. 또한, 이 세상의 살아 있는 우리도 정말 행복한 가족이 될 수 있도록 마음을 모아 열심히 기도해야 하겠습니다.

"고회 부처 아녀 손(高會 夫妻 兒女 孫)!" 아멘!

아버지는 누구인가

형제자매 여러분, 오늘은 삼위일체 대축일입니다. 그 삼위의 이름이 무엇이지요? 곧 성부, 성자, 성령이십니다. 그런데 이 삼위의 관계가 높고 낮음도 먼저도 후에도 없고 오로지 한 몸을 이루는 삼위일체라는 것입니다. 이것은 하나의 신비입니다. 이 삼위일체의 신비를 어떻게 알아들을 수 있겠습니까? 혹시 여러분들은 "아버지란 누구인가?"라는 글을 읽어 보신 적이 있으십니까? 이 글이 삼위일체 신비를 이해하는 데 조금 도움이 될까 하여 오늘은 〈아버지란 누구인가?〉라는 글 중에서 일부만 소개해 드리겠습니다.

아버지에 대한 인상은 나이에 따라 달라진다. 그러니 그대가 지금 몇 살이든지 아버지에 대한 현재의 생각이 최종적이라고 생각하지 말자. 일반적으로 나이에 따라 변하는 아버지의 인상은 어떤 것일까?

4세 때: 아빠는 뭐든지 알고 무엇이나 할 수 있어.

7세 때: 아빠는 아는 것이 정말 많아.

8세 때: 아빠와 선생님 중 누가 더 높을까?

12세 때: 아빠는 모르는 것이 많아.

14세 때: 우리 아버지요? 아주 구식이에요.

21세 때: 아버지와 세대 차이를 엄청 느껴요.

25세 때: 우리 아버지는 아는 것은 많지 않지만 어느 정도는 알고
       계신 것 같아요.

30세 때: 아버지의 의견도 일리가 있지요.

40세 때: 여보! 우리가 이 일을 결정하기 전에 아버지의 의견을
       들어 봅시다.

50세 때: 아버지는 훌륭한 분이었어.

60세 때: 아버지가 살아계셨다면, 아버지의 말씀을 다시 한
       번 들을 수 있다면 좋으련만.

아버지란 돌아가신 뒤에도 두고두고 그 말씀이 생각나는 사
람이다.

아버지란 돌아가신 후에야 보고 싶은 사람이다.

아버지! 뒷동산의 바위 같은 이름이다.

시골 마을의 느티나무처럼

무더위에 그늘의 덕을 베푸는 크나큰 이름이다.

형제자매 여러분, 〈아버지란 누구인가?〉라는 글을 소개해 드
렸습니다만, 그 내용에 공감하십니까? 그렇습니다. 우리는 인
생을 살아오면서 한 아버지를 두고 3단계로 느끼게 되는 것 같
습니다. 첫 단계는 바로 아버지는 꼬맹이 시절엔 "모르는 것이
없는 분, 무엇이나 할 수 있는 분, 곧 만능 해결사, 슈퍼맨"이셨

습니다. 그러나 둘째 단계는 나이를 차차 먹어 성장함에 따라 아버지는 "모르는 것이 많으신 분, 구식, 세대 차이가 나 통하지 않는 분"으로 치부해 버립니다. 그러나 마지막 세 번째 단계는 이젠 자기 자신도 아들딸 키우면서 지긋이 나이가 들면, 아버지는 "이런 아들딸 어떻게 다 키우셨는가? 참, 대단한 분이시었다. 참으로 훌륭한 분"이셨음을 체감하는 시기입니다. 형제자매 여러분, 공감하실 것입니다. 한 아버지를 두고 이렇게 성장함에 따라 생각의 차이를 느낄 것입니다.

형제자매 여러분, 그래서 〈아버지란 누구인가?〉라는 글에서 "첫째, 아버지란 돌아가신 뒤에도 두고두고 그 말씀이 생각나는 사람이다. 아버지란 돌아가신 후에야 보고 싶은 사람이다. 둘째, 아버지! 뒷동산의 바위 같은 이름이다. 셋째, 시골 마을의 느티나무처럼 무더위에 그늘의 덕을 베푸는 크나큰 이름이다." 라고 결론을 내리고 있습니다.

곧 한 분이신 하느님께서 성부, 성자, 성령 삼위이지만 우리가 한 아버지를 두고 나이를 먹어감에 따라 생각의 차이가 있듯이 역시 하느님도 그러한 분이십니다. 우리가 성경을 보고 이럴 때는 이러한 분으로, 저러할 때는 저러하신 분으로 그리고 지금은 이러하신 분으로 느끼지만, 오로지 세 위 격 안에서 한 분이신 하느님이십니다.

형제자매 여러분, 여러분들은 저를 어떻게 부릅니까? "신부님", 성당에선 "신부님" 그리고 동사무소나 관공서, 병원에 가면, "정상업 씨"라고 부릅니다. 그리고 백화점 같은 데 가면, 뭐라고 부르는지 알고 계십니까? "아버님, 그 옷 참 잘 어울립니다. 싸게 드릴 테니 사시죠?" 졸지에 "아버님"이 됩니다. 아버님이란 말을 들으니 기분이 좋긴 좋지만, 좀 묘한 기분이 듭니다. 이렇게 한 사람을 두고 세 가지로 부르듯이 형제자매 여러분, 이와 마찬가지로 하느님도 성부를 "하느님 아버지" 그리고 성자를 "그 외아들, 그리스도, 구세주"로 부르고 마지막으로 제3위를 협조자, "성령"으로 부릅니다. 이 3위가 온전히 한 몸을 이루시는 일체라는 것입니다.

그 하신 일을 중심으로 생각해 본다면, 성부 아버지 하느님은 세상의 창조사업을, 그리고 성자 예수님은 이 세상 인간을 구원하시는 구속 사업을 그리고 제3위 성령은 교회를 활성화하고 우리에게 하느님의 힘과 용기를 주시고 일치시키는 일을 하셨습니다. 마치 학교 교장 선생님이 하시는 일에 따라, 학교에서는 교장 선생님, 집에서 부인은 남편으로서 "여보, 당신"으로 불리고, 그리고 자녀들에겐 "아빠, 아버지"로 불리는 것과 똑같은 이치일 것입니다.

형제자매 여러분, 나무는 뿌리, 줄기, 잎 이 3가지가 일체를 이루어야 성장하면서 잘 살아갈 수가 있습니다. 역시 하느님도 이 3위가 한 몸을 이루어야만 제대로 역할을 할 수 있는 일심동체가 되어 그 권능을 떨칠 수 있을 것입니다.

그러므로 형제자매 여러분, 오늘 삼위일체 대축일을 맞이하여 우리도 사랑으로 오로지 삼위일체가 되신 하느님을 본받아 아버지, 어머니, 자녀들이 사랑으로 일치 하여 한 몸을 이루어 성가정을 이룰 수 있도록 열심히 기도해야 하겠습니다.

　"삼위일체이신 하느님, 저희도 사랑으로 하나 되어 성가정을 이루게 하소서. 아멘!"

여보,
전 오직 당신의 사랑을 먹었소

오늘 우리는 그리스도의 성체 성혈 대축일을 경축하고 있습니다. "성체"라 하면 거룩한 몸, 그리스도의 몸을 말합니다. 성혈이라고 하면 거룩한 피, 즉 그리스도의 피를 말합니다. (그러므로 우리 어린이들이 처음으로 그리스도의 몸과 피를 받아 모시기 때문에 "첫 영성체"라고 합니다. 첫 영성체를 하는 어린이들에게 축하드립니다. 아울러 부모님께도 축하드립니다. 그동안 여러분들은 첫 영성체를 위해서 하느님 아버지와 예수님, 성령을 공부했고, 그리고 우리가 실천해야 할 것들을 공부했습니다.)

오늘 그리스도의 성체 성혈 대축일을 맞이해서 하느님 아버지의 지극한 사랑과 그 아들의 조건 없는 사랑에 대해서 생각해 보겠습니다. 그러기 위해서 "봉덕사 에밀레종의 전설"에 대해서 잠시 생각해 보겠습니다.

신라의 경덕왕은 자기 아버지의 "명복"을 빌며 "극락왕생"을 기원한다고 하면서 봉덕사에 큰 종을 만들어 걸게 하라고 하였다. 12만 근이나 되는 큰 종을 주조하는 데 매우 엄청난 양의 구리와 비용이 요구되었기 때문에 주지는 시주를 받아

오라고 승려들을 독촉하여 곳곳에 내보내며 분주 탕을 피웠다. 승려들은 목탁을 두드리며 구리와 쇠붙이는 물론이요, 어떤 재물이든지 꼭 시주해야 한다고 하며 매일같이 집집으로 돌아다녔다.

그러던 어느 날 한 승려가 몹시 가난해 보이는 집 마당에 들어서게 되었다. 살펴보니 걷어 갈 만한 쇠붙이가 보이지 않아 승려는 시주 쌀이라도 받아가려는 심산에서 목탁을 계속 두드리며 경을 외웠다. 아침 끼니도 풀죽으로 연명했는데 승려가 목탁을 두드리며 가지 않고 있는데다가 등에 업힌 아이도 배고파서인지 울어대며 귀찮게 굴었다. 하는 수 없이 여인은 장지문을 열고 "우리 집에는 아침 끼니조차 없어 아이마저 이렇게 보채니 정 시주받고 싶으면 이 아이라도 가져가시오."라고 역정스레 말하고는 땅이 꺼지게 한숨을 지었다. 그래서 승려는 어쩔 수 없이 물러나 다른 집으로 향했다.

이렇게 숱한 승려들과 주조 관계자들이 사방에서 모아들인 구리와 자금으로 끝내는 큰 쇠 종을 부어내게 되었다. 예식을 갖추어 정성스럽게 쇠 종을 부어냈건만 종각에 달아매고 치니 이상하게도 소리가 울려 나오지 않았다. 주지는 불길한 이 사실에 접하여 어쩔 줄 몰라 하다가 '필경 부처님을 노하게 한 일이 있을 것이다.'라고 생각하면서 주조 자들과 시주받으러 갔던 승려들을 다 모이게 하였다. 주지는 종을 주조했으나 소리가 나지 않으니 이는 분명 부처님의 노여움을 샀거나 속임수를 쓴 것과 관련이 있는 것 같다면서 한 사람씩 캐어묻기 시작하였다. 시주받으러 갔던 승려들은 저마다 별다른 일이 없었노라고 대답했는데, 한 승려가 자기의 차례가 되자 시주 쌀도 줄 것이 없으니 보채는 이 아이라도 가져가겠으면 가져가라고 하던 그 여인의 말이 마음속에 짚이는지라 그 사실을 그대로 주지에게 아뢰었다.

그제야 주지는 성이 머리끝까지 차올라 그것이 바로 부처님을 속인 죄가 아니고 무엇이냐? 당장 그 아이를 잡아다가 쇠 종을 다시 부으라고 엄하게 명령을 내렸다. 그리하여 "아기를 시주하겠다고 해 놓고 안 했으니 분명 부처님의 노여움을 샀다. 그러니 불도에 어긋난다."라는 명목으로 어머니 품에서 강제로 떼 내어진 아이는 끝내 쇠 불가마 속으로 던져졌다고 한다. 쇠 종을 다시 주조해낸 다음 예전처럼 종각 위에 달아매고 나무 매로 쳤더니 이상하게 "에밀레, 에밀레-." 하는 구슬픈 소리가 울려 나왔다고 한다. 그 후 사람들은 그 소리를 가엾게 죽은 어린것이 어머니를 찾는 소리, "어미 때문에, 어미 때문에 에밀레, 에밀레." 한다고 하였다. 또한 "포악한 자들에게 목숨을 빼앗긴 아이의 흐느끼는 원한의 소리"라고도 하였다. 그래서 봉덕사의 종을 구슬픈 소리를 낸다고 해서 "에밀레종"이라고 부르게 되었다는 전설이 있다.

이것은 사실이 아니고 전설에 불과하지만, 큰 종을 만들기 위해서 아이를 바친 셈입니다. 하느님께서는 사람을 창조하시고 아름다운 낙원을 선물하셨습니다. 그런데 첫 할아버지와 할머니가 죄를 지은 이후로 낙원에서 내침을 받았습니다. 하느님과는 단절된, 구원을 받지 못하는 불쌍한 존재가 되었습니다. 그렇지만 하느님 아버지께서는 불쌍한 인간을 저버리지 않으시고 당신의 외아들을 통해서 구원하시고자 하셨습니다. 그래서 하나밖에 없는 외아들을 인류의 구원을 위해서 내주셨습니다.

사람들은 부처님의 노여움을 풀어 대종을 만들기 위해서 아이를 용광로에 던졌지만, 하느님께서는 인류를 구원하기 위하여 당신의 외아들을 십자가상의 제물로 봉헌하셨습니다. 어디 그뿐입니까? 예수님께서는 우리를 먹여 살리기 위해서 빵 속에 현존해 계시면서 당신의 살과 피를 내주셨습니다. 우리를 먹여 살리기 위해서 당신의 몸과 피를 주신 예수님은 하느님 아버지를 빼닮았습니다. "내 살을 먹고 내 피를 마시는 사람은 영원한 생명을 얻고, 나도 마지막 날에 그를 살릴 것이다. 내 살은 참된 양식이고 내 피는 참된 음료다."(요한 6, 54-55)라고 하면서 모든 것을 내주셨습니다. 이 세상에 어느 누가 우리를 살리기 위해서 당신의 몸뚱이를 내놓겠습니까?

어떤 부부가 참으로 행복하게 살고 있었습니다. 그런데 어느 날 부인이 중병에 걸려 몸져눕게 되었습니다. 동네 의원은 그 중병을 치유키 위해서는 산삼을 달여 먹어야 한다고 했습니다. 한편 남편은 산삼을 살 만한 경제적 여유가 없었습니다. 고민 끝에 남편은 인삼 한 뿌리를 사서 산삼이라고 아내에게 거짓말을 했습니다. 어떤 귀인이 산삼이 필요하다는 소식을 듣고 산삼 한 뿌리를 보내줬다고 거짓말을 했습니다. 하지만 인삼을 산삼으로 알고 정성껏 달여 먹은 아내는 병이 다 나았습니다. 남편은 너무 기쁘고 행복했지만, 한편으론 아내를 속였다는 자책감이 남아 하루는 아내에게 그 사실을 고백했습니다. 그런데 아내는 놀라기는커녕, 이렇게 말했습니다. "여보, 저는 산삼도 인삼도 먹지 않았어요. 오직 당신의 사랑을 먹었을 뿐입니다."

"여보, 저는 산삼도 인삼도 먹지 않았고 오직 당신의 사랑을 먹었소!" 얼마나 멋진 말입니까? 형제자매 여러분, 우리는 오늘 이 미사성제를 통해서 십자가에 당신 아들을 내주신 사랑의 제사를 봉헌하고 있습니다. 게다가 예수님은 우리를 먹여 살리시기 위해서 참된 양식과 음료가 되셨습니다. 그러므로 오늘 우리는 미사를 통해서 예수님의 몸인 성체와 성혈을 모시지만, 오로지 주님의 사랑을 먹고 있는 것입니다.

"여보, 저는 산삼도 인삼도 먹지 않았고 오직 당신의 사랑을 먹었소!"라고 말했던 부인처럼, 우리도 성체를 모시고 "하느님 아버지, 예수님, 오로지 당신의 사랑을 먹었습니다. 감사합니다. 하느님! 사랑합니다. 예수님!"하고 고백할 수 있도록 해야 하겠습니다. (다시 한번 예수님의 사랑을 받아 모시는 첫 영성체 어린이들에게 축하드립니다.)

다 함께 따라 해 봅시다!

"하느님 아버지, 예수님,
오늘 우리는 오로지 당신의 사랑을 먹습니다.
감사합니다. 하느님! 사랑합니다. 예수님!" 아멘!

하느님을 일등으로 모신 성모님

한 농부가 포도 농사를 지어 왕에게 드리기 위해 여러 날을 걸어 지게에 지고 왕궁 앞에 왔습니다. 왕궁의 포졸들은 그 진입을 막았습니다. 농부가 포졸들과 옥신각신하는 차에 왕비에게 발견되어 포도를 임금님께 진상하게 되었습니다. 왕비는 농부가 진상한 포도 중에서 제일 좋은 것만 골라 잘 씻어서 금쟁반에 담아 왕에게 갖다 드렸습니다. 참 달고 맛있도다. 이 달고 맛좋은 포도가 어디서 났는가? 한 농부가 임금님께 드린다고 멀리서 지게에 지고 가져왔습니다. 그 소식을 듣고 기특하다. 그 농부에게 후한 상금을 주라고 분부했습니다.

형제자매 여러분, 여기에서 바로 왕비의 역할은 포도를 깨끗이 씻고 다듬어서, 제일 좋은 포도송이를 골라 금쟁반에 담아 임금님께 드렸습니다. 이런 왕비의 역할을 하시는 분이 우리 성모님이십니다. 바로 우리의 기도를 잘 다듬고 포장해서 금쟁반에 담아 하느님께 전해 드리는 역할을 하시는 분이 성모님이십니다. 이런 막중한 역할을 하시는 성모님이 하느님 아버지의 부르심을 받아 하늘로 올림을 받으신 날입니다. 영광스럽게도 우리나라가 해방을 이룩한 광복절에 성모승천 대축일을 맞게 되니 겹경사입니다. 또 주일학교 어린이들이 처음으로 주님을 모시게 되는 첫 영성체를 하게 되니 얼마나 기쁜 날입니까?

형제자매 여러분, 오늘처럼 이 기쁜 날에 유머 하나 들려드리 겠습니다. 〈첫 번째 보아라, 다섯 번째는 노인정 간다〉라는 유머입니다.

어느 날 아내가 남편에게 다음과 같이 물었습니다.
아내: 자기야, 이 세상에서 누가 제일 좋아?
남편: 그야 물론 당신이지
아내: 그다음은 누가 좋아?
남편: 우리 예쁜 아들이지.
아내: 그럼 세 번째는?
남편: 그야 물론 예쁜 자기를 낳아주신 장모님이지
아내: 그럼 네 번째는?
남편: 음, 우리 집 애견 멍멍이지.
아내: 그럼 다섯 번째는?
남편: 당근, 우리 엄마!

문밖에서 우연히 들은 시어머니가 다음날 밖으로 나가면서 냉장고에 메모지를 붙여 놓았습니다. "첫 번째 보아라, 다섯 번째는 노인정 간다~~~"

형제자매 여러분, 며느리가 첫째이고, 둘째는 자식이고 셋째
는 장모이고, 넷째는 애완견이고 다섯째가 엄마라네요. 의의가
있습니까? 실망하지 마세요. 어머님이나 아버님이 다섯 번째
이면, 우리가 믿는 하느님은 과연 나에게 있어서 몇 번째가 되
겠습니까?

〈하느님은 3등입니다[9]〉라는 글이 있습니다. 잘 들어보시기 바
랍니다.

하느님은 3등입니다

1등은 하고 싶은 일
2등은 해야 하는 일
3등은 하느님 만나는 일

하고 싶은 일 다 하고
해야 하는 일도 다 마치고
그 후에 여유가 있으면 하느님을 만나 줍니다
하느님은 3등입니다
어려운 일이 생길 때도 하느님은 3등입니다
내 힘으로 한번 해 보고

---

9) 작자 미상

그래도 안 되면 가까이 있는 사람에게 도와달라고 하고
그나마도 안 될 때 하느님을 부릅니다
하느님은 3등입니다

거리에서도 3등입니다
내게 가장 가까이 있는 것은 나 자신
그다음은 내 마음을 알아주는 사람
그다음에야 저 멀리 하늘에 계신 하느님이십니다
하느님은 3등입니다
그런데 하느님은 나에게 1등입니다
무슨 일이 있어도 내가 부르기만 하면 도와주십니다
내가 괴로워할 때는 만사를 제쳐 놓고 달려오십니다
아무도 내 곁에 없다 생각 들 때는 홀로 내 곁에 오셔서
나를 위로해 주십니다
나에게 하느님은 언제나 1등입니다

나도 하느님을 1등으로 생각했으면 좋겠습니다
만사를 제쳐 놓고 만나고
작은 고비 때마다 손을 내미는
나도 하느님을 1등으로 모셨으면 좋겠습니다
내게 1등이신 하느님을
나도 1등으로 모시고 싶습니다.

형제자매 여러분, 여러분에게 하느님은 몇 등입니까? 가족 중에서 어머님, 아버님이 5번째이니까 그리고 내 모든 일에서 하느님은 3등이니까 5×3= 15, 겨우 15번째가 하느님이십니다. 이래도 되겠습니까? 하느님께서는 언제나 우리에게 일등으로 달려오시는데, 우리도 이젠, 우리 맘에 예수님을, 주님을, 하느님을 1등으로 모시는 신앙인이 되도록 노력해야 하겠습니다.

　형제자매 여러분, 오늘 우리가 경축하는 성모님의 승천은 하느님을, 예수님을 언제나 일등으로 모신 그 결과라고 말씀드릴 수 있습니다. "성령으로 잉태하여 아들을 낳을 것이니 그 이름을 임마누엘이라 하리라."라는 가브리엘 대천사의 말씀을 듣고 "주님의 종이오니 그대로 제게 이루어지소서."라고 응답하심을 보더라도 하느님의 말씀을 1등으로 받아들이시는 마리아를 볼 수 있습니다. 오늘 복음의 "마리아의 노래"를 보더라도 엘리사벳의 칭송을 들었을 때, 무엇보다도 "내 영혼이 주님을 찬송하고…"(루카 1, 46) 이렇게 노래하며 하느님을 1등으로 모십니다. "이제부터 과연 모든 세대가 나를 행복하다 하라니, 전능하신 분께서 나에게 큰일을 하셨기 때문입니다."(루카 1, 49) 이 말씀은 주님의 종으로서 응답하셨기 때문에, 나에게 큰일을 하신 하느님 아버지의 덕분이라는 것입니다. 모든 것을, 하느님의 덕분으로 아는, 바로 이것은 하느님을 1등으로 모시는 것이 아니겠습니까? 그러기에 성모승천은 하느님께서 하느님을 1등으로 모신 성모님께 내리시는 포상입니다.

오늘 첫 영성체를 받는 어린이 여러분! 진심으로 축하합니다! 여러분은 오늘 첫 영성체를 받기 위해서 몇 개월 동안 열심히 기도하며 공부해 왔고 고해성사도 처음으로 보았습니다. 이것은 어떻게 생각하면 예수님을 모시기 위해 우리 몸인 성전을 정화해서 예수님을 내 안에 기쁘게 모실 준비를 한 것입니다. 오늘 첫 영성체를 하는 어린이 여러분, 여러분은 성모님을 본받아서 예수님을, 우리의 주님을 첫 번째로 1등으로 모실 수 있겠습니까? 여러분은 이제 오늘 처음으로 예수님을 모시게 되니까 여러분은 이제 예수님께서 거하시는 작은 성전이 됩니다. 언제나 깨끗하게 죄를 짓지 않고 착하고 발랄하게 살아가야 하겠습니다.

　이제 오늘 예수님을 모시고 예수님과 함께 살아가게 되니까 악마를 물리치고 용감하고 씩씩한 예수님의 어린 군대가 되어야 하겠습니다. 첫 영성체를 하는 어린이 여러분! 여러분은 용감하고 씩씩한 예수님의 어린 군대가 될 수 있겠습니까? 어린이 여러분, 여러분을 믿어도 되나요? 예 좋습니다. 나는 여러분을 믿고 첫 영성체를 하도록 허락하겠습니다. 다 함께 축하와 격려의 박수를 보내 드립시다.

　형제자매 여러분, 우리 모두를 구원하시기 위해서 아무런 죄도 없으신 예수님께서 십자가상의 제물로 당신을 봉헌하시고, 이제 우리 모두를 먹여 살리기 위해서 당신의 살과 피를 내주십니다. 성체와 성혈은 우리의 참된 양식입니다. 우리를 영원한 생명으로 인도하기 위해 송두리째 당신을 내주십니다. 이 세상에 어느 누가 이토록 우리를 사랑하시겠습니까?

그러므로 형제자매 여러분, 우리도 언제나 예수님을 첫째로, 1등으로 모시는 신앙인이 되어야 하겠습니다. 만사를 제쳐 놓고, 주님이 나의 전부가 되어야 하겠습니다. 오늘 성모승천 대축일을 맞이하여, 하느님을 1등으로 모신 우리 성모님을 본받아 우리도 주님을 언제나 1등으로 모시고 천상 영광에 참여하는 영광을 누릴 수 있도록 이 제사를 통해서 열심히 기도합시다. 아멘.

조율이시(棗栗梨柿)에 담긴 깊은 뜻

형제자매 여러분, 홍동백서(紅東白西)나 조율이시(棗栗梨柿)란 말을 들어보셨습니까? 유교적인 관습에서 차례상이나 제사상을 차릴 때 홍동백서(紅東白西)와 조율이시(棗栗梨柿)의 법칙에 따라서 상을 차린다고 합니다. 홍동백서(紅東白西)는 붉은색의 과일은 동쪽에 흰색의 과일은 서쪽에 놓는다는 말입니다. 그렇다면 조율이시(棗栗梨柿)는 무엇을 말하겠습니까? 조율이시는 곧 대추, 밤, 배, 감을 말하는데 왼쪽부터 이 순서대로 놓는다는 것입니다. 형제자매 여러분, 왜 차례상이나 제사상에 대추, 밤, 배, 감을 올리겠습니까? 조율이시(棗栗梨柿), 곧 대추, 밤, 배, 감에는 다음과 같은 심오한 뜻이 담겨 있기 때문입니다.

1. 대추(棗): 대추나무는 암수가 한 몸이고, 한 나무에 열매가 엄청나게 많이 열리는데, 꽃 하나에 반드시 열매가 맺히고 나서 꽃이 떨어집니다. 헛꽃은 절대로 없습니다. 즉, 사람으로 태어났으면 반드시 자식을 낳아야 한다는 뜻입니다. 대추의 통 씨는 절개를 뜻하고 순수한 혈통과 자손의 번창을 기원하는 의미가 담겨 있습니다. 대추는 붉은색으로 임금님의 용포

를 상징하고 씨가 하나이고 열매 안에 그 씨가 큰 것이 특징이 므로 왕을 뜻합니다. 왕이나 성현이 될 후손이 나오기를 기대하는 의미와 조상의 혼백을 왕처럼 귀히 모신다는 자손들의 정성을 담고 있습니다.

2. 밤(栗): 밤나무는 땅속에 밤톨이 씨 밤(생밤)인 채로 달려 있다가 밤의 열매가 열리고 난 후에 씨 밤이 썩습니다. 밤은 자신의 근본을 잊지 말라는 것과 자기와 조상의 영원한 연결을 상징합니다. 이런 이유로 밤나무로 된 위패를 모신다고 합니다. 유아가 성장할수록 부모는 밤의 가시처럼 차츰 억세었다가 "이제는 품 안에서 나가 살아라." 하며 밤송이처럼 쩍 벌려 주어 독립된 생활을 시킨다는 것입니다. 밤은 한 송이에 씨알이 몇 톨 들어 있습니까? 세 톨이니 삼정승(영의정, 좌의정, 우의정)을 의미합니다. 후손 중에 삼정승이 나오기를 기대하는 조상님들의 염원이 담겨 있습니다.

3. 배(梨): 배는 껍질이 누렇습니다. 이 누런색은 황인종을 뜻하고, 오행에서 황색은 우주의 중심을 나타냅니다. 흙의 성분(土)인 것입니다. 이것은 바로 민족의 긍지를 나타냅니다. 배의 속살이 하얗습니다. 그러기 때문에 우리 민족을 백의민족에 빗대어 순수함과 밝음을 나타내는 제물로 쓰입니다. 그리고 배는 씨가 6개여서 육조(이조, 호조, 예조, 병조, 형조, 공조)의 판서를 의미하는데, 후손 중에 조상님의 은덕으로 6조 판서가 나

오기를 바라기 때문입니다.

4. 감(柿): 콩 심은 데 콩 나고 팥 심은 데 팥이 나는 것이 천지의 이치인데 감만은 그렇지 않습니다. 감의 씨앗을 심으면 감나무가 나지 않고 대신 고욤나무가 나옵니다. 그래서 3~5년쯤 지났을 때 기존의 감나무를 잘라서 이 고욤나무에 접을 붙여야 그다음 해부터 감이 열립니다. 감나무가 상징하는 것은 사람으로 태어났다고 해서 다 사람이 아니라 가르치고 배워야 비로소 사람이 된다는 뜻입니다. 가르침을 받고 배우는 데는 생가지를 칼로 째서 접붙일 때처럼 아픔이 따릅니다. 그 아픔을 겪으며 선인의 예지를 받을 때 비로소 하나의 인격체가 될 수 있다는 것입니다. 감나무는 아무리 커도 열매가 한 번도 열리지 않은 나무를 꺾어 보면 속에 검은 신이 없고, 감이 열린 나무는 검은 신이 있다고 합니다. 이것을 두고 부모가 자식을 낳고 키우는데 그만큼 속이 상하였다 하여 부모님을 생각하여 감을 놓는다고 합니다. 또한, 감은 씨가 8개여서 8방 백(8도 관찰사, 8도 감사)을 뜻합니다. 곧 8도 관찰사가 후손에 나오라는 의미를 담고 있습니다.

이상과 같이 차례상이나 제사상의 주된 과일로 대추, 밤, 배, 감이 오르는 것은 이들이 상서로움, 희망, 위엄, 벼슬을 나타내는 전통적 과일이기 때문입니다. 이렇게 대추, 밤, 배, 감은 조상을 상징하는 으뜸 과일이고 후손에게까지 연결되면서 자손들의 번영과 벼슬을 상징하는 과일이기 때문에 차례상과 제사상에 꼭 오르게 됩니다. 이렇게 조상의 공덕을 기리고 추모하는 것은 자손 된 당연한 도리로서 대대손손 우리가 지켜나가야 할 전통입니다.

형제자매 여러분, 오늘 추석 명절을 맞이하여 차례 지내셨습니까? 우리가 차례를 지내는 것은 무엇보다 "정성"입니다. 그리고 조상의 은혜에 대한 감사와 기억입니다. 조율이시가 아니더라도 곧 대추, 밤, 배, 감은 못 올린다고 하더라도 평소에 조상님이나 부모님께서 좋아하시는 음식을 정성스럽고 깔끔하게 차리면 족하리라 생각됩니다. 부모님 좋아하는 건 자식도 다 좋아하는 게 집안 입맛이기 때문입니다.

형제자매 여러분, 한가위 명절을 맞이하여 차례 지내시고 성묘하시고 오늘 또 한가위 합동 위령미사에 참여하시니 얼마나 좋습니까? 제사 중에 최고의 제사인 미사를 봉헌하고 있기 때문입니다. 아마 조상님들이 기뻐 춤추시리라고 생각됩니다.

형제자매 여러분 모두 다 송편 드셨지요? 송편은 둥근 보름달 모양이 아니고 반달 모양입니다. 왜 반달 모양이겠습니까? 보름달은 곧 기울게 됩니다. 반달은 언젠가 온달, 보름달이 됩니다. 이렇게 반달은 우리에게 희망을 줍니다. 온 가족이 반달 송편을 먹으면서 보름달 같은 우리 가족들의 번영과 자손들의 번영을 축원합니다. 어떻게 보면 미래 지향적인 민족입니다.

오늘 저녁 모두 다 보름달을 보면서 소원을 빌고 가족들의 우애를 다지는 화기애애한 한가위 되시기를 기원합니다.

  형제자매 여러분, 아무쪼록 오늘 조상님들과 이 세상을 떠나신 부모님, 형제, 친척 은인들의 영혼이 천국에서 영원한 복락을 누릴 수 있도록 이 제사를 통해서 다 함께 열심히 기도합시다. 또한, 조상님들의 은혜로 후손들이 주님 안에서 화목한 가정을 이룰 수 있도록 열심히 기도합시다. 아멘.